光文社知恵の森文庫

八幡和郎

世界史が面白くなる首都誕生の謎

光文社

本書は知恵の森文庫のために書下ろされました。

はじめに

　世界には200ほどの国があるが、それぞれの国のめざすところは、首都である都市に象徴される。また、どんな首都を持つかで国のあり方は大きな影響を受けている。パリやロンドンは「花の都」という言葉に相応しい存在だし、北京は全知全能の皇帝たちの都であり天と地の結び目だが、経済の中心ではない。

　18世紀にはベルサイユのような宮廷都市が流行って、それは、ワシントンのような連邦の首都につながっている。欧米の植民地では港町が統治の中心であることが多かったが、独立後は国土の中心である内陸都市に移転することが多くなっている。

　本書では、東西古今の首都や首都移転の歴史を俯瞰《ふかん》し、また、200カ国の首都についての詳細なデータを収録した。

　日本では、東京一極集中に歯止めがかからず、地方の衰退、文化の画一化、過密過疎、防災の脆弱性、少子化などさまざまな問題を引き起こしている。そこで、首都機能移転、大阪副都など首都機能の分散、道州制など地方分権が叫ばれてきた。

だが、巨大な東京はすべてを呑み込んでいき、一極集中は加速するばかりである。

私はかつて、『東京集中が日本を滅ぼす』とか『遷都』といった多くの本を書き、堺屋太一《さかいやたいち》、村田敬次郎《むらたけいじろう》、司馬遼太郎らとともに首都機能移転論を推進したが、守旧派に押しつぶされて冬眠状態にせざるをえなかった。

ところが、新型コロナウイルス禍や東日本大震災、北朝鮮のミサイル発射などは一極集中の危うさを浮き彫りにした。また、大阪都構想は、首都機能のあり方論議によい刺激を与えて、首都機能移転論を新たに唱える人も出つつある。

私たちが昭和の終わりから、首都機能移転を唱えたのは、過密過疎の解消だけでなく、重厚長大時代そのままの硬直的な経済社会は、東京を首都としたままでは変えられずに沈没すると危惧したからだった。

不幸にしてその予想は当たり、平成の日本は世界最低クラスの経済成長しかできず、中国の8倍だったGDPは逆転されたばかりか3分の1にまで転落し、IT化でも大きく後れをとっている。

そうしたなかで、古代から現代に至る日本の首都の姿とその移転の歴史を振り返り、あわせて、首都機能移転の令和時代における意味を最終項からエピローグにかけて問い直してみた。

なお、本書で扱った国は200カ国ちょうどだ。①国際連合加盟国である193カ国。②国連のオブザーバーであるバチカン市国とパレスティナ。③ニュージーランドに外交をゆだね、国連未加盟だが日本と外交関係がある南太平洋のクック諸島とニウエ。④約20カ国の承認を受け事実上、国家として機能している台湾（中華民国）。⑤40以上の国連加盟国による承認を受けているが、地域の大部分を占領されているサハラ・アラブ民主共和国（西サハラ）。⑥独立宣言をし、欧米をはじめ多くの国の承認を受けつつあるが、国連加盟などの見通しが立っていないコソボ。以上の合計が200カ国である。

このほかに、世界には、実体はまったくないのに、歴史的な理由もあって、一部の国の承認を得ている国もある。独立紛争中の地域もある。一方、オリンピックには国でなくとも地域なども認められているので、2021年に開催された東京五輪では205の国や地域と難民選手団が参加したが、そのあたりは本書では扱っていない。

なお、表記などについては、16ページの「本書の見方」を参照してほしい。

目次

第2章 ヨーロッパ2

第5章 東アジア

第6章 日本

地図作成／マックスプランニング

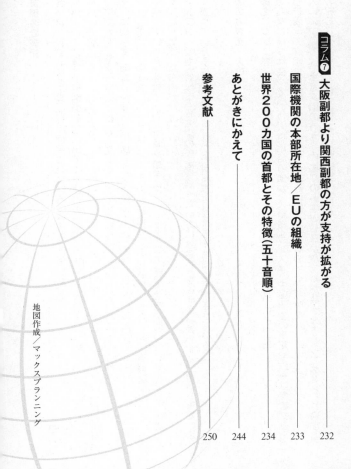

首都名の表記

各項目の首都名は日本で通常、使用されている呼び方を使用した。

見出しの下には、項目名の最初に出てくる都市の現地での呼称と、人口を記した。

地名の表記はすべてカタカナにした。その際、V音については、ヴでなくバ行で表現した（一部に例外あり）。ただし、巻末一覧表では、括弧書きでヴでの表記を示している（例：バ（ヴァ）など）。

それに限らず、あまり無理に外国語発音を再現せずに常識的な表記にしている。

また、各言語での発音については、Googleの翻訳機能で訳し、そこに音声で聞ける機能がついているので使っているが、非常に便利だ。特殊語学については、かつては、大使館に問い合わせたりして苦労した。便利になったものだ。

アルファベットなどでの各国語の表記を調べたい方には、Wikipediaをお勧めする。国名や首都の名は間違っていたら修正されるし、ほかの情報源よりは、最新情報に更新されている。

国名の表記・人口

国名については、原則として外務省がホームページで使っているものに拠った。

国名などはヴは使っていない。現地語のほか、英語、フランス語、中国語での表記や由来は参考文献のうち拙著⑨で詳細に解説し、⑧でもその一部を掲載しているので、参照いただければと思う。

人口については、参考文献のうち⑥に掲載の各種WEBからとった数字を主として参考とし、適宜、別のWEBページの資料で補ったり修正したりした。

Chapter 0

PROLOGUE
プロローグ

首都の成り立ちを象徴する三都

01 北京（中国）

神聖な帝都と完全な文明の首都

◉現地での呼称
ペイチン

◉人口
2154万人

「首都とは行政府の所在地」だと、高校などで使う地理の教科書や地図帳には、書いてある。しかし、オランダのように王宮・国会・政府・最高裁のいずれもがハーグにあっても、憲法で首都はアムステルダムだと明記されている国もある。

南アフリカでは、三権がそれぞれ違う都市にある。立法府がケープタウン、行政府がプレトリア、司法府がブルームフォンテーンである。

江戸時代の日本の首都は京都だったのか、江戸だったのかも難しい。王都と政府所在地が分かれているということでは、かつてのラオスで世界遺産になっている王都ルアンプラバンと政府所在地ビエンチャンが併存していた。

帝王の戴冠式が旧都で行われるのも、帝政時代のロシアでモスクワがそうだったし、戦前の日本ではそれにならって京都で行われていた。南アフリカの大統領就任式はケープタウンだ。

明・清時代の北京

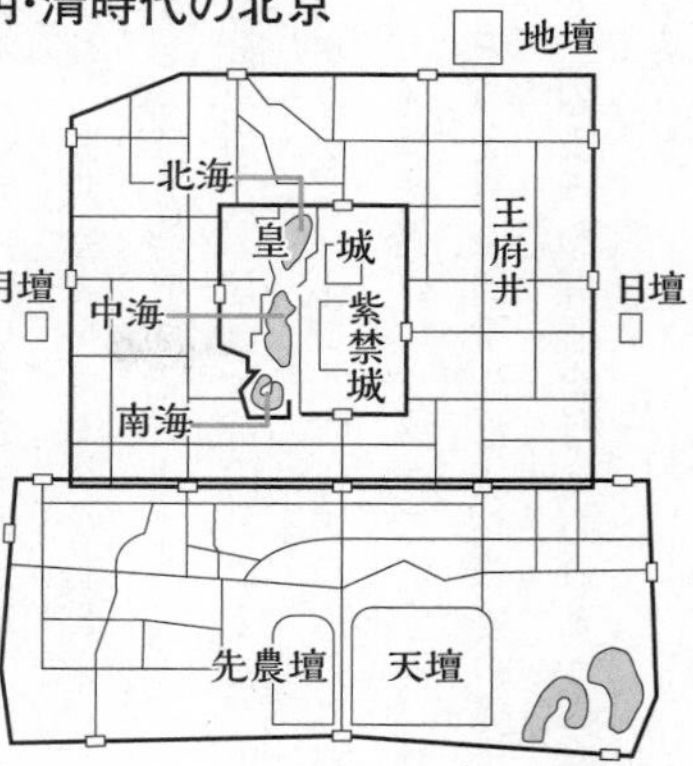

複数の首都も、中国の明《みん》帝国における北京《ペキン》順天府と南京《なんきん》応天府といった形で並立したり、平城京に対して難波京を陪都とした副首都という考え方もある。季節によって宮廷や政府が移動することもある。元《げん》帝国では夏は旧都カラコルムで皇帝が過ごしたとか、フランコ時代のスペインで夏には政府が大西洋側の保養地で現在はグルメの町として知られるサン・セバスティアンに移っていたことがある。

このように、文部科学省の御用学者が好き勝手な考えで「首都」とは何かを定義しても、現実の世界では、彼らが決めた意味で使われているとは限らない。

それでは歴史的にどうかというと、都市国家ないし部族国家群から発展して、統一国家、さらには帝国といわれる国が成立すると、政治権力があるというだけでなく、経済、文化、宗教などいずれの分野においても中心的な役割を果たす「完全な首都」というべき都市が存在することが多くあった。

唐の長安、五賢帝時代のローマ、東ローマ（ビザンツ）帝国やオスマン帝国のコンスタンティノープル、イスラム（サラセン）帝国のダマスカスやバグダード、コルドバ、インカ帝国のクスコなどがその典型である。

その文明の到達した最高の姿の展示場であり、人や文物がその文明の規範に照らしてどのような評価を与えられるかの試験場でもあり、その景観はカリスマ性に満ちていた。

長安、洛陽《らくよう》、北京といった中国の首都や、それを真似た平城京や平安京などはその典型で、洛陽や藤原京などでは首都の中央に皇居があった。それに対して、長安、平城京、平安京では、天帝の住まいである北極星に近い北側に皇居がある。

一方、中世のヨーロッパでは、王たちは公文書を筐《かたみ》に入れて、常に旅に出ていた。同じ場所に定住すると、その地域の食料を食べ尽くす心配があったのも理由だ。

つまり、大きい人口を抱えた首都を持つには、帝国内の遠方から食料を集める権力の強さと充実した物流システムがなければ無理だったからである。

中世のフランク王国や神聖ローマ帝国では、主要都市というものすらはっきりしなかった。神聖ローマ帝国では、皇帝の選挙と戴冠式は最初はアーヘン、ついでフランクフルトで行われたが、そこに王宮があったわけではない。

ルネサンス時代のフランス王国では、パリが商工業の中心として図抜けた大都市にはなったが、王様はアンボワーズ、ブロア、シュノンソーなどロワール地方やフォンテンブローの城などを転々としていた。

フランス王だったフランソワ1世のもとに「モナリザ」だけを携えてやってきたレオナルド・ダ・ヴィンチが、死ぬまで住んだのがアンボワーズという人口1万人の小都市だったのがそのあたりの事情を物語っている。

なお、戴冠式は歴史的経緯からシャンパーニュ地方のランスで行われていた。

豆知識 中国の首都はその形も小宇宙を象徴していた。大地は方形とされていたので、儒教の経典「周礼《しゅらい》」では、都市全体も各区画も方形。中央に宮殿、南東に宗廟、南西に穀物の神を祀る社稷《しゃしょく》壇を置くとした。天壇では冬至の日に皇帝と天帝が出会う儀式があった。

02
市民を拒絶した王侯たちの楽園
ベルサイユ（フランス王国）

◉現地での呼称
べ(ヴェ)ルサイユ

◉人口
9万人

現代の世界各国の首都のなかには、ロンドン、パリ、東京といったようなその国の政治、経済、文化すべての中心になっている大都市もある。

しかし、ワシントン、ベルン、ブラジリア、キャンベラといった政治機能に特化した都市もあるし、ニューヨーク、上海、ミラノ、ムンバイのように、経済の中心は別のところといったケースもある。

中世のヨーロッパでは、宮廷はあちこち移動し続けていたと書いた。そのうちに、中央集権が進むようになり、絶対主義国家と呼ばれる国家が成立すると、再び古代のように大きな首都を安心して維持できるようになった。

スイスから出たハプスブルク家はオーストリアを本拠にした。しかし、それに加えて、ベルギー、オランダなどブルゴーニュ公国の旧領を結婚で獲得した。さらに、カール5世（皇帝として。スペイン王としてはカルロス1世。フランス語ではシャルル

ベルサイユ

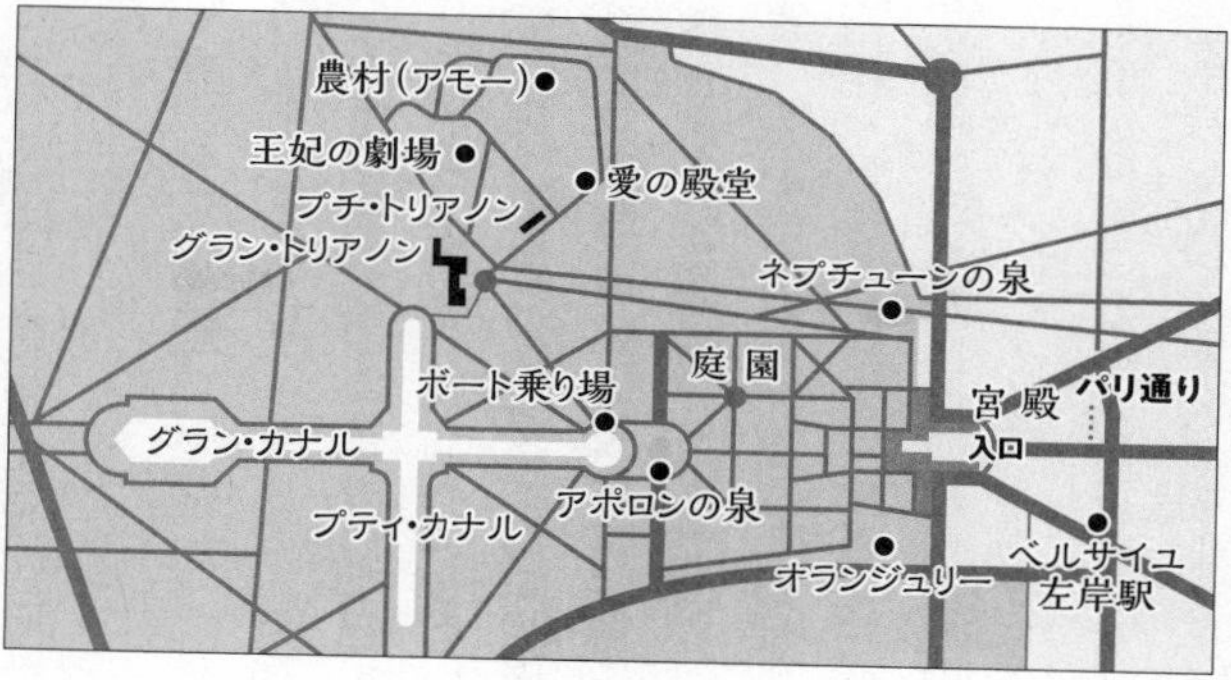

ル・カン）は、母方からスペインとその領土である南イタリアや中南米を得て、「日の沈まぬ大帝国」も得た。

この全能の皇帝であるシャルル5世は、ヨーロッパ中を旅行しながら一生を過ごした。

その子であるスペイン王フェリペ2世（フィリピンの語源になった王様でほぼ豊臣秀吉《とよとみひでよし》と同じ時期に活躍した）は、マドリッド郊外エスコリアル宮殿の部屋に閉じこもって朝から晩まで書類を読み続けながら統治をした。

しかし、人口密集地で細かく複雑な街路が多い大都市では、民衆の暴動などの影響を受けやすいという問題があった。

わずか4歳で即位して、子供のころに起きたフロンドの乱でルーブル宮に幽閉された記憶があるルイ14世は、そのときの恐怖が頭を離れず、パリの民衆から遠ざかることを計画した。

城塞のような宮殿を中心に、扇形の街路に沿って大建築ばかりが並んで治安維持が容易な設計のベルサイユに宮廷を移した。

ルイ14世は、ここに貴族たちを集め儀式、食事、文化活動など宮廷文化を花開かせた。それまで地方の城で武芸を磨いていた田舎貴族たちは、ベルサイユで王の知己を得ること、優雅な宮廷人として評価されることにうつつを抜かし始めた。

「激情を礼節と作法で訓化し、国王を頂点とする礼儀の支配する構図に組み込まれて生きるようになった」ことで成立した文化が「宮廷文化」といわれたり、「余の知らぬ者」と王からいわれることが貴族にとって最大の恐怖だといわれるようになった。

アレクサンドル・デュマの『三銃士』はルイ13世の時代、その第1部の『ダルタニアン物語』はルイ14世の時代が舞台で、中世から近世への過渡期の貴族たちの悩ましさがよく描かれている。

ルイ14世のことを太陽王というが、これは、太陽のように立派な大王だったということではなく、太陽神に扮《ふん》してバレエを踊ったのが評判になったことに由来するのである。

このベルサイユのような計画的に設計された王宮のある町を「宮廷都市」などという、ヨーロッパのほかの国でも流行した。

その典型が、フリードリヒ大王によるプロイセンのポツダムである。啓蒙君主として知られ、哲学者ボルテールの友人でもあったフリードリヒ大王（2世）は、ここにサンスーシ宮（フランス語で無憂宮という意味）を建設し、フランス語を操りながら後進国プロイセンとは別世界に生きたのである。

ウィーンのシェーンブルン宮殿も、ベルサイユやポツダムほど都心から離れてはいないが、同じ発想である。

そして、このような宮廷都市の延長線上に、ワシントンに代表される近代の首都がある。

豆知識　ベルサイユなど宮廷都市のメリットのひとつは、パリのように狭い街路などがなく、城のすぐ近くまで民家があるわけではないので、暴動やテロにも対処しやすいし、陰謀などのために集まったり、政治犯を匿うことも難しくなった。

03 プトラジャヤ（マレーシア）とワシントン（アメリカ合衆国）

現代のトレンドは小さな首都

◉現地での呼称
プトゥルジャヤ

◉人口
8万人

世界史的な流れを見ると、首都を大きな都市でなく、小規模な地方都市か、あるいは、ワシントンのような人工的に最初から構想された行政都市に置く傾向が、18世紀の終わりからゆっくり進んでいることがわかる。

また、首都機能をあちこちに分散することも多くなっている。

これは、民主主義の建前からいっても、首都の住民の意向が不均衡に国政に反映されるのはおかしいからである。もちろん、デモなどによる抗議は大事な政治闘争の手段であるが、その一方、首都の世論が過度に反映されるという欠点もある。

また、首都が最大の都市だと、政治家、官僚、財界人、言論人のほとんどが首都の住民、不動産所有者であり、将来もそこに住み続けるつもりなので、彼らの個人的な利益が国の政策や世論づくりに過度に反映されがちである。

世襲議員は東京生まれ東京育ちが多いので、地方が選挙区でも生活基盤は東京にあ

マレーシアの行政首都プトラジャヤ

り、選ばれる側に着目するとひどく東京に有利な定数不均衡になっている。審議会の委員の8割ほどが東京周辺の住人であったりする。

まして、道州制などで地方分権を進めると、かえって、首都が属する道州が勝手に決めたことにほかの道州は従わざるを得ないことになりがちである。

そこで、ヨーロッパの国々でも最大の都市や国家統一前の首都を避けて、国土の中央に首都を置くことが多かった。スペインのマドリッドは国土の中央に建設された首都であるし、スイスのベルンとかオランダのハーグも最大都市ではないのに国土の中央だというので政府が置かれている。

そして、連邦制の国が増えたことも流れを加速した。その嚆矢《こうし》はアメリカのワシントンであるが、オーストラリアではメルボルンとシドニーが首都を争い、その中間に1908年、新首都キャンベラを建設した。

ブラジルでは、1960年にリオデジャネイロからブラジリアに遷都された。アフリカでも植民地時代に宗主国への交通に便利な港町が首都とされていたのを国土の真ん中に移す国が増えている。

マレーシアは国会と王宮はクアラルンプールに残して、行政機関をプトラジャヤ（初代首相のトゥンク・アブドゥル・ラーマン・プトラにちなむ）に移した。

ミャンマーでは軍事政権が、2003年に親英的なヤンゴンの住民を嫌って中部のネーピードー（首都という意味）に遷都した。

カザフスタンでは南部のアルマトイから北部のアスタナ（その後ヌルスルタンに改称）に移った。北部にはロシア人が多かったので、将来ロシアへの併合を求める声が出ることを防ぐために、カザフ人も多く住まわせることが目的だといわれた（2008年）。

韓国ではソウルへの一極集中が問題になった。また、ソウルが軍事境界線から近すぎることから、盧武鉉《ノムヒョン》大統領の時代に、忠清南道の世宗《セジョン》市への遷都が決まった。しかし、憲法裁判所が、首都移転は憲法改正に匹敵する重大事なので、憲法改正が必要だとして覆した。旧政権に任命された判事の政治的な介入であるし、ソウルの不動産所有者などの意向を反映したものでもあった。

　そこで、首都移転とはいわずに、政府機関の多くを移転するという方向で事態は進んでいる。世宗とは、ハングルを発明したことで知られる15世紀の朝鮮国王である。

　最近では、インドネシアがジャワ島への集中を避けるために、カリマンタン島東部への首都移転を決めた。

　首都の過密を避けるために郊外に移したというのは、かつてのフィリピン、マニラからケソン・シティへの移転もそうだし（現在では一体化）、スリランカのスリ・ジャヤワルダナプラ・コッテ、さらには、現在建設中のエジプトの新首都もそうだ。

豆知識　ワシントン型の首都は、そこに終の住みかを持つ人を想定していない、むしろ、そういう人がいることを嫌った構造になっている。首都の住民の特別の利害が反映されるのを嫌ったのだ。だから、かつて、堺屋太一氏などとわれわれが首都移転を立案したときも、少なくとも都心部は賃貸住宅だけにしたいと考えていた。

COLUMN 01

国土の真ん中に首都があるのがいいのだろうか

首都はできることなら全国各地から便利なところがいい。常識的には人口分布の中心に近いところが妥当だが、地理的に真ん中がいいとか、歴史的な事情ゆえに複数の地域の中間がいいとか、交通の便も考えなくてはならないとかもありうる。

人口分布の中心というと二等分線で考えることもできるし、国民が 1 枚の板に乗ったときに釣り合いが取れる人口重心という考え方もある。

日本の人口重心は伝統的には滋賀県あたりだったし、京都は日本海と大阪湾と伊勢湾からほぼ等距離で理想的な場所だ、現在では人口重心は岐阜県美濃加茂市付近であり、二等分線は浜松と上越を結ぶ線あたりだ。都道府県でいえば、福井・滋賀・三重の両側に 22 ずつある。

海外をみると、スペインのマドリッドなどは国土の真ん中、ブラジリアは人口分布も考えた国土の中央だ。フランスのパリも少し北に寄っているがほぼ真ん中だ。アメリカのワシントンはいまは東に偏りすぎだが、独立 13 州のちょうど真ん中であり、北部と南部の境界線上だった。モスクワなども当初は真ん中だった。

最近、アフリカあたりでは、植民地支配の中心だった港町から国土の真ん中に移すことが多い。カナダのオタワのように英仏語地域の真ん中もある。ブリュッセルも仏蘭両語地域の中間である。

ドイツのベルリンは統一の中心にプロイセンがなったので勝者の都が首都になった。ロンドンもイギリスを征服したノルマン公国から便利だから選ばれた。

中国では南京が人口分布の中心に近いが、軍事的な理由で北からの脅威に備えることを優先させた。防衛上、北に最強の軍団を置く必要があったからだ。

第1章 ヨーロッパ1

Europe 1

04
統合ヨーロッパの首都はどこか
ブリュッセル（EU）

◉現地での呼称
ブリュッセル

◉人口
121万人

EU（欧州連合）には本部はないが、事務局はブリュッセル（ベルギー）、議会はストラスブール（フランス）、裁判所はルクセンブルク、中央銀行はフランクフルト（ドイツ）と、ライン渓谷に沿い、ラテン語圏とゲルマン語圏の境界地域に集中している。これは、だいたいカトリックとプロテスタントの境界でもある。

フランスとドイツは1870年の普仏戦争、1914年の第一次世界大戦、1939年の第二次世界大戦と三度にわたって戦う悲劇を引き起こした。さすがに懲りて、仏独が二度と戦わないような仕組みをつくろうという声が強くなった。

最初は、戦争の原因となった石炭と鉄を共同管理するために、1952年に前年調印されたパリ条約に基づき設立された欧州石炭鉄鋼共同体（ECSC。ヨーロピアン・コール・アンド・スティール・コミュニティ）である。

さらに関税同盟を基軸とするEEC（ヨーロピアン・エコノミック・コミュニテ

欧州統一と分裂の舞台となった諸都市

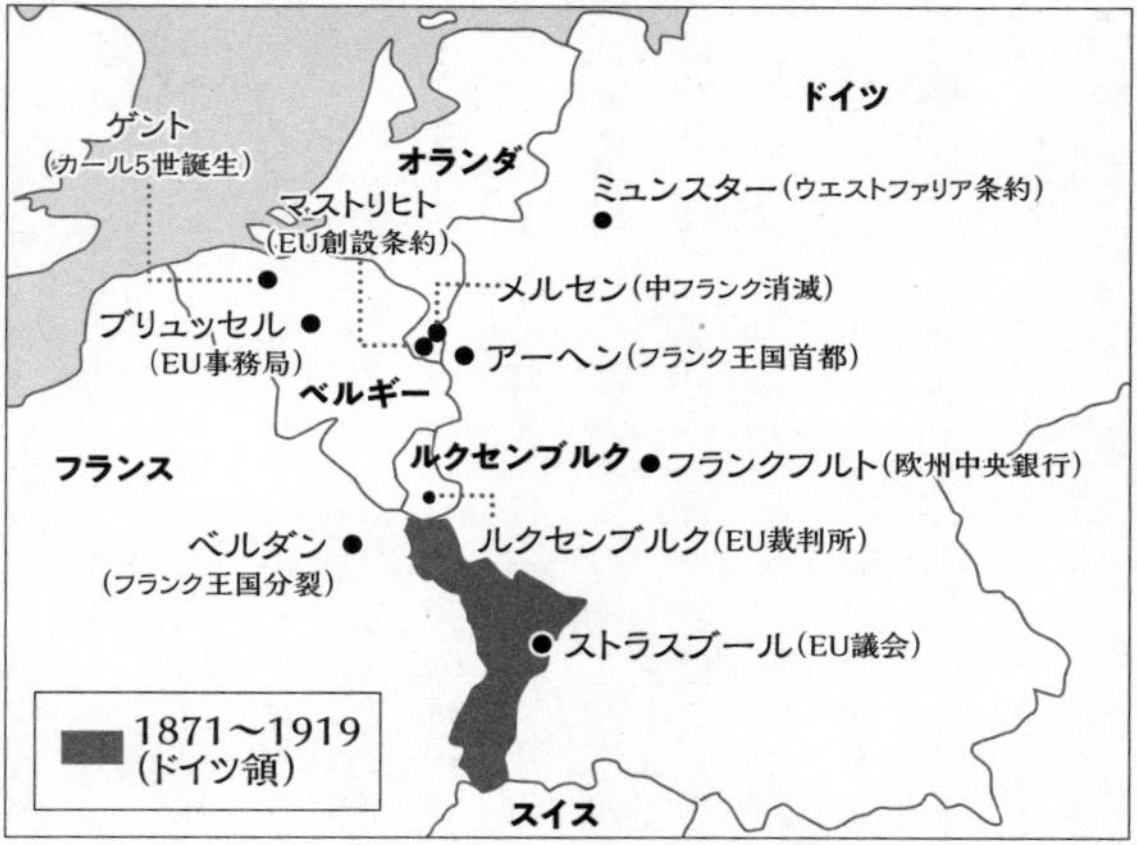

ィ）が１９５７年のローマ条約に基づき翌年発足した。この二つの機関とヨーロッパ原子力共同体の三機関が合同したＥＣ（ヨーロピアン・コミュニティ）がブリュッセル条約に基づいて１９６７年に発足した。

さらに、１９９２年のマストリヒト（オランダ南部の町）条約によってＥＵ（ヨーロピアン・ユニオン）が翌年発足し、共通通貨ユーロの導入やシェンゲン（ルクセンブルクの地方名で仏独と三国が国境を接する地点）協定に基づく国境管理の廃止まで実現し、外交政策などの統合に向かって進んでいる。最初の加盟国は６カ国だったが、現在では27カ国に増えている。イギリスがブレグジット（2020年末）で出て行っても追随する国はない。

ベルギーでは地方ごとに基本的にはフランス語かフラマン語かどちらかが公用語になっているが、首都ブリュッセル（オランダ語：ブリュソル）だけは両言語の中立地帯である。ブリュッセルはセンヌ渓谷の沼地だったが、交通が便利だったので開発され、1383年にブラバント公国の宮廷が置かれ、1830年にベルギーがオランダから独立したときに首都となった。

EU事務局がここに置かれ、NATOの本部も市内北部にある。ロンドンを含む各地とは空路のほか高速鉄道網で結ばれ、TGVでパリのド・ゴール空港と1時間40分、議会があるストラスブールまで3時間40分で結ばれている。

市内でもっとも知られる名所は市庁舎もあるグラン・プラスで、世界で最も美しい広場のひとつ。近くに「小便小僧の像」がある。この町には、アールヌーボー様式の建物が多いが、「建築家ヴィクトル・オルタの主な都市邸宅群」が世界遺産になっている。

欧州議会は、ストラスブール。アルザス州の首都である。中世には神聖ローマ帝国の自由都市でグーテンベルクが印刷術を発明したともいう。1697年にルイ14世によってフランスに併合されたが、その後もゲーテがここの大学で学んでいる。

フランス革命時には国歌「ラ・マルセイエーズ」がここで生まれたが、普仏戦争と第一次世界大戦の間の約半世紀はドイツ帝国直轄領だった。一本だけのバラ色の尖塔が聳《そび》えるカテドラルや、水辺のプティット・フランスの町並み、クリスマスマーケットなど人気がある。

ルクセンブルク（仏語：リュクサンブール）は三方を谷に囲まれた要塞都市で、ここに発したルクセンブルク家は神聖ローマ皇帝にもなった。現大公家はオランダ王家の分家だが、男系でいうとブルボン家で、かつ、ルクセンブルク家の血も引く。税金が安いので、金融センターとしても栄えている。

グルメ　美食の町としても定評があり、フライドポテトは、ベルギー国内の無形文化遺産をめざしている。二度揚げすることと、牛の脂を使うことがポイントである。また、ムール貝の白ワイン蒸し、濁り酒のようなベルギー・ビール、ゴディバなど有名ブランドのチョコレートも多い。

ストラスブールは、ガチョウのフォワグラやシュークルートが名物。

05

ローマ（イタリア）

すべての道はローマに通ず

◉現地での呼称
ローマ

◉人口
286万人

伝説によれば、ローマのあたりには、アルバ王国があり、トロイの王子アエネーイスと、ラテン人の女王ラウィーニアとの間に生まれた王の子孫が治めていた。王女レア・シルビアはベスタ神殿の巫女だったが、軍神マルスとのあいだに双子を産み、狼に育てられた兄弟の一人のロムルスがローマの建国者となった。

ローマは、前4～前3世紀の半島統一戦争、カルタゴとのポエニ戦役ののち、マケドニア、セレウコス朝、プトレマイオス朝も滅ぼした。だが、戦争の長期化や海外領土（属州）からの奴隷と安価な穀物の流入は市民階級を没落させた。

「パンとサーカス」というように、無料で食料を配り、コロッセオで剣闘士の試合を見せ、大浴場を建設して満足させた。カエサルの暗殺後（前44年）、養子だったオクタビアヌス（のちのアウグストゥス）が事実上の初代皇帝となった。

ローマ帝国の全盛期は、『ローマ帝国衰亡史』で18世紀英国の歴史家ギボンが、「人

ローマ市内

類が最も幸福であった時代」としたトラヤヌス帝、ハドリアヌス帝、マルクス・アウレリウス帝ら「五賢帝の時代」(96～180年)だ。彼らは、ローマを飾り立てただけでなく、帝国を巡幸し、そのたびに都市は美しく改造された。

イエス・キリストが生まれたのは、ローマでのアウグストゥスの治世の末期で、ローマでペテロやパウロが殉教したのは暴君ネロの時代であり、キリスト教がミラノ勅令で公認されたのは、コンスタンティヌス1世の313年である。

ギリシャやローマの神々を崇《あが》めることは、さまざまな恐怖から逃れることには役立ったが、みんなが幸福になるための社会変革には繋《つな》がらなかった。それに応えたのが、ユダヤ教のメシアによる救いという革命論だった。

ユダヤ教は民族宗教で、戒律が厳しすぎたり割礼など独得の習慣もあったが、ローマ市民パウロが、普遍的で穏健にし、ヘレニズム社会で広く受け入れられるような教えにする工夫をして聖書も編んだ。やがて、皇帝たちも、自らが教会の保護者になってしまえば、帝国統治に好都合な宗教なのに気付いた。

コンスタンティヌスは旧《ふる》い神々の信仰が残るローマを嫌い、ギリシャ人の都市ビザンティウムに首都を移したが、帝国は広すぎたので、やがて東西に分裂した。

西ローマ帝国滅亡は、民族大移動で混乱した476年で、首都は沼地に囲まれた要害の地であるアドリア海側のラベンナだった。帝国を滅ぼしたオドアケルが東ローマ皇帝によってイタリア王とされ、やがて、イタリアはランゴバルド族が支配した。しかし、ローマには聖ペテロの継承者を名乗る教皇が残り、彼らに対抗した。

教皇はアルプスの北で勃興したフランク王国と手を結び、フランク王はランゴバルド王国を継承するイタリア王とローマ皇帝を兼ねることになり、一方、教皇はローマからラベンナに至る教皇領の世俗領主でもあることになった（ピピンの寄進）。

それからしばらく、イタリアは自治が認められた都市、外国勢力、教皇などが入り乱れて統一はされなかったが、だいたい、教皇領、ベネチア共和国（のちにオーストリア領）、両シチリア王国、トスカナ大公国、ミラノ公国（スペイン領からオーストリア領に）、サルディニア王国（ピエモンテとサルディニア）などに分かれていた。

西欧では十字軍とペストの大流行のあと、14世紀にはフィレンツェでルネサンスが始まり、15世紀にはその中心はローマに移ってきた。ミケランジェロやラファエロが活躍し、1506年からはサン・ピエトロ大聖堂の建て直しが始まり、約100年後には完成し、やがてバロック美術の絢爛《けんらん》で豪壮な花が開いた。

トレビの泉、ナボナ広場、ファルネーゼ宮、スペイン広場はいずれもルネサンス以降整備されたものだが、古代遺跡を活用したり、石材を使ったりしている。ローマ五輪でアベベが走ったアッピア街道は、帝国の優れた道路網の名残である。

豆知識　19世紀になってイタリア王国が成立したのは、ランゴバルド王国の復活という側面があり、北イタリアのパビアにある「ランゴバルドの鉄王冠（イエスが磔《はりつけ》にされたときの釘を組み込んだとされる）」は王権の象徴とされた。ミラノを中心とするロンバルディア州の名はその名残である。

06 バチカン市国とイタリア

バチカン（バチカン市国）

◉現地での呼称
バ（ヴァ）ティカヌス

◉人口
820人

イタリア人のほとんどはカトリック教徒だが、イタリアという国とローマ教会の関係は最悪である。ローマ教会はイタリアの統一をさんざんに邪魔した。オーストリアのようなカトリック国がイタリア半島に領土を持っていて、教皇に圧力をかけたからでもあるが、先に紹介した教皇領の扱いが問題になった。

先祖はイタリア系であるナポレオンも、イタリア統一を夢見て、プッチーニのオペラ「トスカ」にも解放軍として描かれているが、19世紀にはヨーロッパ各地で国民主義への動きが出てきた。

様々な挫折ののち、ブルボン家でもハプスブルク家でもないサルディニア王家にリソルジメント（イタリア統一運動）の期待がかかり、1861年にビットーリオ・エマヌエーレ2世がイタリア王として即位し、1871年までにはローマ教皇領も併合した。

バチカンのサン・ピエトロ大聖堂

サルディニア王家は、もとはフランスの諸侯だったサボワ公家だったが、結婚を通じてハプスブルク家とも繋がった。1562年までフランスのサボワ地方の大学都市シャンベリーにいたが、イタリアのピエモンテ地方トリノに移ってきた。

ビットーリオ・アメデーオ2世がスペイン継承戦争のユトレヒト条約で1713年にシチリア王となり、これを1720年にサルディニアと交換して、これ以降はサルディニア王と呼ばれた。それまでも、女系の祖先を理由にエルサレム王を名乗っていたが、実体などなかったのだが、これで本物の国王になれた。

そしてビットーリオ・エマヌエーレ2世のもとでの名宰相カブールがナポレオン3世とプロンビエールの密約を結んで、王家発祥の地であるサボワと、ニースをフランスに譲り渡す妥協でイタリア統一への支持を取り付けた。王はカブールとともに国家統一の功労者としていまでも崇敬されており、ミラノの有名なガレリア（豪華なアーケード商店街）など各地の地名や施設名に名を残している。

だが、実質的に最後の国王となったビットーリオ・エマヌエーレ3世（在位：1900〜1946年）は、第一次世界大戦の勝利を導いたものの、ムッソリーニの政権掌握に手を貸し、「あんな石ころのために危険をおかしたくない」と言ったのに、侵攻したアルバニア王とエチオピア皇帝を兼ねてしまい、戦後になって息子のウンベルト2世に譲位したものの国民投票で王制は廃止になった。

イタリア統一の過程で、最初は教皇領抜きで、トリノ、ついでフィレンツェを首都にしたが、1871年までに教皇領とローマを強引に併合して首都を移した。

教皇はバチカンの囚人と自称して対立が続いたが、豪腕で解決したのがムッソリーニで、ラテラノ条約（1929年）で、サン・ピエトロ大聖堂周辺の数百メートル四方をバチカン市国（スタトゥス・キビタス・バティカナ）という独立国にして、このほかに、サン・ジョバンニ・イン・ラテラノ大聖堂、サンタ・マリア・マッジョーレ大聖堂、カステル・ガンドルフォ教皇庁宮殿にも治外法権を認めた。

ビットーリオ・エマヌエーレ2世の白く巨大な記念碑は、ローマの景観を変え、ムッソリーニは現代建築を好み近代的なテルミニ駅を建てた。ローマ万国博覧会のために郊外にエウルという新都市を建設して首都機能の一部を移したりした。

遺跡保護のために地下鉄の敷設が遅れたが、大深度での建設が遅れればせながら進められている。また、遺跡を現代的な手法で再生させる試みも進んでいる。

都心部には、トレビの泉、ナボナ広場、パンテオンなど古い町並みが残り、上下両院や首相府もある。大統領官邸はかつて王宮だったクィリナーレの丘の上の宮殿である。スペイン広場に近いコンドッティ通りは銀座の裏通りのようなショッピングの中心で、駅に近いベネト通りは広々として表参道のような存在だ。

グルメ ローマ名物のパスタがカルボナーラ。こってりして乳製品や卵、ベーコンを使う典型的なローマ料理だ。肉料理では羊のローストなど。ピザは薄くてパリパリのものがローマ的だ。アーティチョークを使った料理も名物。ジェラートはとくにローマだけのものではないが、パンテオンに近いジョリッティは、オードリー・ヘップバーンがスペイン広場の階段で食べていたもので、日本にも出店した。

07 コンスタンティノープル（東ローマ＆オスマン帝国）

ギリシャ本来の首都はアテネではない

◉現地での呼称
イスタンブル

◉人口
1521万人

ギリシャは長いオスマン帝国の支配から、1830年に独立したのだが、もともとこの独立運動は東ローマ帝国の復活を目指すもので、本来の首都はアテネではなくコンスタンティノープル（イスタンブール）であるべきだった。

その領域も、トルコやバルカン半島南部なども含みたかったのである。やはり正教徒のロシアのエカテリーナ女帝もコンスタンティノープルを狙っていた。

こうした考えを「メガリ・イデア（大ギリシャ主義）」と呼び、第一次世界大戦のあと、一時はトルコのスミルナ（トルコ名イズミル）なども編入したが、ケマル・アタテュルクのもとで国力を回復したトルコに敗れ、その結果、小アジアに何千年も暮らしていたギリシャ人たちは追放されてしまった。

イスタンブールはギリシャ人が建設したビザンティオンに淵源を持ち、コンスタンティヌス大帝がローマ帝国の首都コンスタンティノープルとした。ヨーロッパとアジ

イスタンブール（コンスタンティノープル）の中心部

アを分かつボスポラス海峡に面し、マルマラ海に角《つの》のように突き出た三角形の岬になっている要害の地で、ヨーロッパ大陸に切れ込んだ金角湾は天然の良港。鉄の鎖で入口を封鎖して不審船の侵入を防いでいた。

歴史がある町だけに名前と読み方もいろいろ。ビザンティオンがビザンティウムになり、ビザンツはドイツ語読み。コンスタンティノープルは英仏語読みで、ギリシャ語やラテン語ではコンスタンティノポリス、ロシア語ではコンスタンティノーポリ。

現代ではイスタンブール（ギリシ

ャ語の「町へ向かって」という意味の言葉に由来）と呼ばれるが、この呼称が正式に確立したのは1930年のことらしい。いずれにせよ、いわゆるギリシャ正教の中心はオスマン帝国時代にあってもコンスタンティノープルにあったし、現代でもその総主教が序列の上で最高位にある。

アヤソフィア寺院は、コンスタンティウス2世が建立したが、現在の建物はユスティニアヌス帝の時に再建されたもの。巨大なドームを持ち、緑色の柱は世界七不思議のひとつだったエフェソスのアルテミス宮殿を解体して持ってきたもの。無宗教の博物館になっていたが、最近、モスクに戻されヨーロッパ社会では歴史的暴挙として抗議の声が湧き上がった。

スレイマニエ・モスクは、旧市街の中心にそびえ立ち、この町のランドマーク。ブルー・モスクは世界で最も美しいモスクのひとつとされる。半島の先端にあるトプカプ宮殿は、オスマン帝国の皇居だった。

地下宮殿（イェレバタン貯水池）は、ビザンツ時代の遺跡。ヨーロッパとアジアを隔てるボスポラス海峡のクルーズも人気。都市機能の中心は、新市街地で、ガラタの塔や西洋式のドルマ・バフチェ宮殿がある。

コンスタンティノープルを首都とし損なったギリシャは、仕方なしにアテネを首都として独立した。言うまでもなく、古代ギリシャ文明の中心地で、とくに紀元前5世紀にはペルシャを撃退し、ペリクレスによる優れた政治が行われ、ソクラテスが出現し、ギリシャ古典劇の作家たちが活躍した。

ローマ時代には学芸都市として栄えたのち、地方都市化したが1834年にギリシャの首都となり、新古典主義的な建築が増えた。町の中心にパルテノン宮殿があるアクロポリスの丘があり、2009年にアクロポリス博物館がオープンした。古くからの考古学博物館も人気だ。ローマ時代のヘロディス・アッティコス音楽堂では音楽祭が開かれる。郊外のピレウス港は重要港湾だが、中国が進出して懸念されている。

グルメ　トルコ料理を世界三大料理のひとつというが、それは中東料理一般を指すもので、世界の料理を西洋、東洋、中東の三つに分類したという意味だけ。羊が主なのは中東どこでもそうだが、味付けが淡泊で自分の好みで塩コショウすることが多い。「ドネル・ケバブ」は、肉を機械に挿して回しながら焼いたもの、「キョフテ」は、羊や牛の挽肉《ひきにく》で作られるスパイシーなミートボール。「ドンドゥルマ」は、粘り気があって伸びるトルコ風アイス、「ピデ」はトルコ風ピザ。

08 パリ（フランス共和国）

パリ市20区それぞれの顔

◉現地での呼称
パリ

◉人口
218万人

フランスの国土の形を「エクサゴンヌ（六角形）」と呼んで、フランスの代名詞のように使うことがある。英仏海峡、大西洋、ピレネー山脈、地中海、アルプス、ライン川に囲まれ、均整が取れて面積の割にコンパクトで防御しやすい素晴らしい国土で、気候も快適である。

フランスはこの国境を得るためにルイ14世の時代まで何百年もの時間をかけ、こんどは、それをドイツから守るために二度の世界大戦を戦った。

そして、このエクサゴンヌの真ん中より少し北に、パリがある。セーヌ川というほどほどの大河の中流で肥沃な平野の中央である。これほど、要害で交通便利で生産力の高い周辺地域を持つ首都は滅多にあるまい。しかも、冬もそれほど寒くなく、激しい風もなく雪はほとんど降らない。まさに理想の首都である。

フランスに、アルプスを越えてローマ人が現れたころ住んでいたのは、ケルト人で

パリ20区

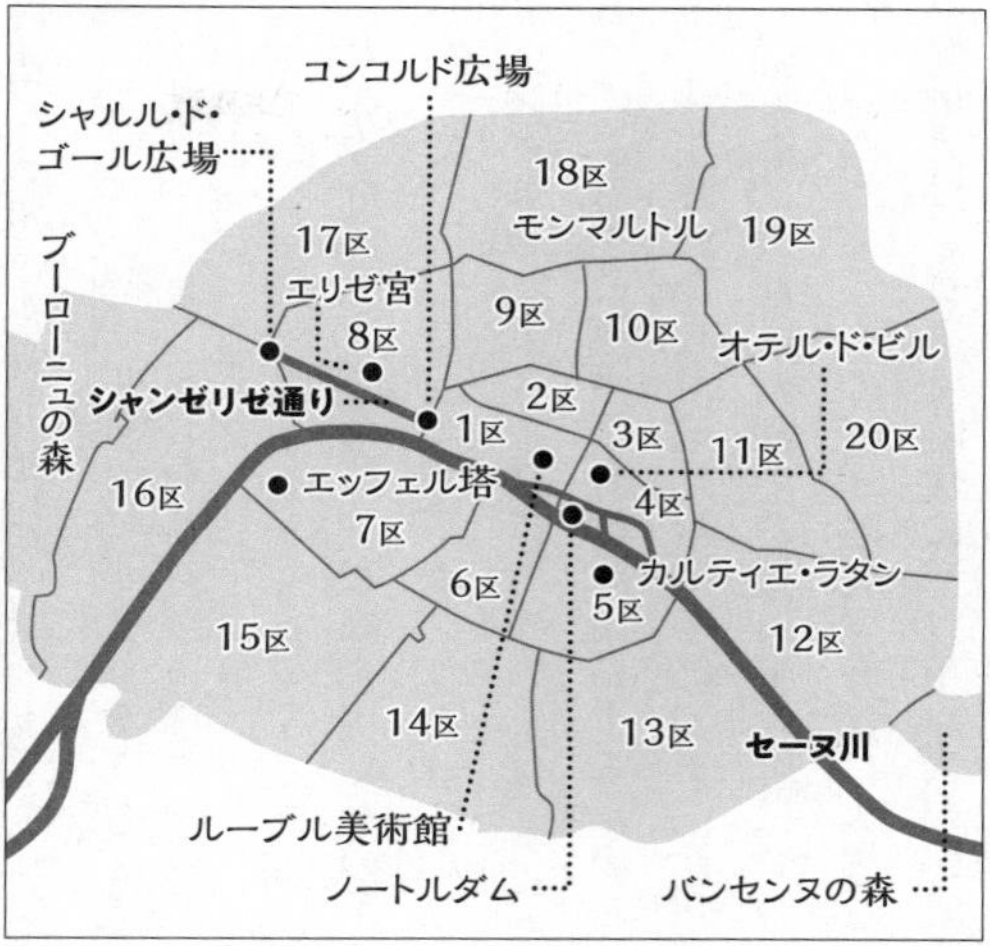

ある。ラテン語でガリア人、フランス語でゴール人といい、意識としてはフランス人の先祖である。これをローマ統治時代（ガロ・ローマ時代）という。

西ローマ帝国が滅びたころ、ガリアではゲルマン民族がローマ帝国の残党と併存していたが、フランク族のクロービス王がカトリックに改宗し、フランク王国が生まれた。この王朝を「メロビング朝」といい、中世ヨーロッパが始まる。

やがて、ローマ教会は東ローマ皇帝と偶像崇拝の是非で対立し、

「カロリング朝」を盟主として西ローマ帝国を復活させた。初代皇帝はシャルルマーニュ（カール大帝）だが、その帝国が分裂したうちの西フランク王国がフランスのルーツだ。

やがて、ノルマン人の侵入を撃退した「カペー家」が王朝を建て国名も「フランス」となった。そののちの王家はすべてその子孫だが、何度か直系がとだえ分家が相続したので、「バロワ」「ブルボン」といった分家の名前で時代を区切る。

フランス革命（1789年）ののちは、「ボナパルト家」による第一帝政、「ブルボン家」による王政復古、七月革命による「オルレアン家」の時代、それに、二月革命で第二共和政になり、第二帝政を経て第三から第五までの共和政となって現代に至っている。第二次世界大戦中のビシー政府については、現在のフランス政府がこれの合法性を認めていないので、時代区分には入らない。

パリはガロ・ローマ時代に、ローマ人が建設し、カルティエ・ラタンと呼ばれるセーヌ左岸に闘技場や浴場も備えた町をつくった。そして、メロビング朝のクロービス王が、ノートルダム寺院があるシテ島の西端、最高裁判所になっているところに王宮を置いた。このときから、パリはだいたい一貫してフランスの中心になる。

そして、ノルマン人が襲撃してきたときにパリを守った一族から出たユーグ・カペーの子孫が王位を得たことで、パリは揺るぎない首都としての地位を確立した。

さらに、十字軍の時代のフィリップ2世が12世紀に最初の城壁を築いた。セーヌ川の両岸の2キロ四方くらいの範囲であった。それが、17世紀のルイ13世の時代には、コンコルド広場あたりまで拡大された。

エルメス本店があるのは、フォーブル・サントノレというところだが、これは、「サントノレ通りの城壁外の部分」を意味する。さらに、18世紀には凱旋門あたりまでを含む徴税請負人の城壁が、19世紀に、現在は環状高速道路（ペリフェリック）になっているティエールの城壁ができて、これがパリ市の外縁である。

パリ市は20の区（アロンディスマン）に分けられているが、それぞれの区の紹介は次項でしたい。また、住居表示はすべて通りの名前でされている。

豆知識 マリア・カラスの当たり役としても知られるベルリーニの「ノルマ」というオペラは、森の民たちが神道のような自然崇拝をしているところにローマの軍勢がやってきた時代の、二つの文明の葛藤を描いている。

09 パリ首都圏（フランス共和国）

フランス革命記念日のパレード

◉現地での呼称
イル・ド・フランス

◉人口
1169万人

中世の末期からフランス王の王宮になったのは、ルーブル城だった。現在のルーブル美術館は、東の端の部分が正方形になって、西に二本の翼が延びている。この正方形の部分が、古い城塞の名残である。美術館の地下にその遺跡が展示されている。南北の翼の西端は空き地だが、これが、テュイルリー宮殿の跡である。

王母カトリーヌ・ド・メディシスが1563年に建設を命じ、100年後のルイ14世のときに完成した。ただ、このころは、第2項でも書いたように、宮廷はロワール川流域やフォンテンブローの城での滞在を好んだ。しかも、ルイ14世はベルサイユ宮殿を造営して引っ越した。しかし、貴族たちは、ベルサイユでの窮屈な生活を嫌い、左岸のフォーブル・サンジェルマン地区（6区のサンジェルマン・デプレ寺院から7区のアンバリッドまで）に館を建てて住んだ。

現在は、各省庁の庁舎となっているが、建物は通りに面したところにあり、奥には広大な庭が拡《ひろ》がり、建ぺい率は1割ほど。国民議会（下院、パレ・ブルボン）や首相官邸（オテル・マティニヨン）、外務省（ケー・ドルセー）もこの地区にある。

フランス革命が起きると国王一家はベルサイユからテュイルリーへ移され、その後は、ナポレオン1世や3世も王政復古期の国王も正式の宮殿としたが、普仏戦争後に市民が蜂起したパリ・コミューンで焼失し再建されていない。

フランス首相官邸の中庭
（パリ7区のオテル・マティニヨン。中央が筆者）

大統領官邸はナポレオン3世が少し使ったシャンゼリゼ通り裏のエリゼ宮。元老院はセーヌ左岸のリュクサンブール宮殿。いくつかの官庁は、都心を離れた。財務省はルーブル宮殿の一角から西のベルシー地区、国土交通省は官庁街から凱旋門の先、郊外のラ・デファンスへ。隅田川の河岸とか新宿副都心へといったところだ。

パリは、ナポレオン3世時代のセーヌ県知事オスマンの大改造で、今日のような広い街路と中層の集合住宅からなる近代都市になった。渋沢栄一が幕府の使節に参加してパリを訪れた頃だ。オペラ座はそのシンボルだ。市内に一戸建ての住宅はほとんどない。シャンゼリゼ通りは革命記念日のパレードにも使われている。

市内は20の区に分かれているが、ルーブル美術館付近を1区とし時計回りに3周して番号が振られている。オテル・ド・ビル（市役所）やノートルダム寺院がある4区までが右岸で、5区は左岸の大学地区カルティエ・ラタン、6区はサンジェルマン教会があり、ここまでが最初の城壁の内側。7区はエッフェル塔やオルセー美術館がある地区。8区は右岸でエトワールの凱旋門やシャンゼリゼ通りなど。

8区に隣接する16区は高級住宅街で、OECD事務局があり、アールヌーボーやアールデコなど20世紀初頭の建築の名作が多く、ブーローニュの森に面している。

交通では、地下鉄が充実していて移動の主役である。最近のパリ市では自動車は原則時速30キロが法定速度になった。自転車で動きやすくなった。

市内各地で再開発事業が進むが、初期の成功例は、中央市場跡とその周辺である。右岸の歴史地区では、新しいオペラの殿堂がバスティーユ広場にでき、17世紀の面影を残すマレー地区は歴史的景観を復元して再生した。フランス人は、歴史的景観のなかに前衛的な建築や装飾を入れることも得意だ。ルーブル美術館の中庭にガラスのピラミッドを建てて大成功したし、現代美術の殿堂としてポンピドー・センターができた。

歴史的建築を改造して成功した例が、19世紀の駅舎を改造した19世紀美術の殿堂オルセー美術館である。日本では京都などでも、歴史的景観を邪魔しないだけで積極的な攻めの景観形成も大胆な復元にも不熱心だ。

音楽はドイツに劣るが、美術、演劇やバレエに定評があるし、相変わらず世界のファッションの中心であり続ける。

フランスはいま道州制で、ちょうど大阪市と同じくらいのパリ市と周辺の7県とともに大阪府と周辺県くらいの広さのイル・ド・フランス州を形成している。

グルメ　フランス料理は世界の最高峰であり続けるが、それを象徴するのが、ミシュランのガイドブックだ。先端的な才能や料理人の努力を星の数で表し、権威あるガイドブックに掲載することで助け、B級グルメ的な楽しみを超えた高度な料理文化を発展させてきた。とくに日本との違いは、老舗であっても、昔と同じことをしているだけでは、評判を維持できないところだろう。

IO

国会も王宮もない不思議な首都

デン・ハーグ&アムステルダム

（オランダ王国）

◉現地での呼称
デン・ハーフ

◉人口
48万人

ベネルクス三国といわれるのが、オランダ、ベルギー、ルクセンブルクの三国だ。歴史的にはフランドルといわれたこともある。

オランダの正式国名はネーデルラント王国で、スペインからの独立運動をしたときに盟主となったのがハーグを中心とするホラント州なので、ポルトガル人がオランダと呼んでいたのが日本語になった。

ネーデルラントは低地地方という意味で、フランス語ではペイ・バ（低い国）なので、ジュネーブの国連機関では会議場でPのところにオランダ代表はいる。

歴史的には、フランドルが一般的だった。中世のフランドル伯領は、ベルギーのブリュージュとかゲントあたりのことだが、これをオランダやベルギー全体を指すのに使っていた。現代ではベルギー北部のフラマン語地域全体を指す。

フランドル伯領は、女性相続人マルグリットが、フランスのブルゴーニュ公と結婚

ブルゴーニュ公国の最盛期
(14世紀中頃〜15世紀後半)

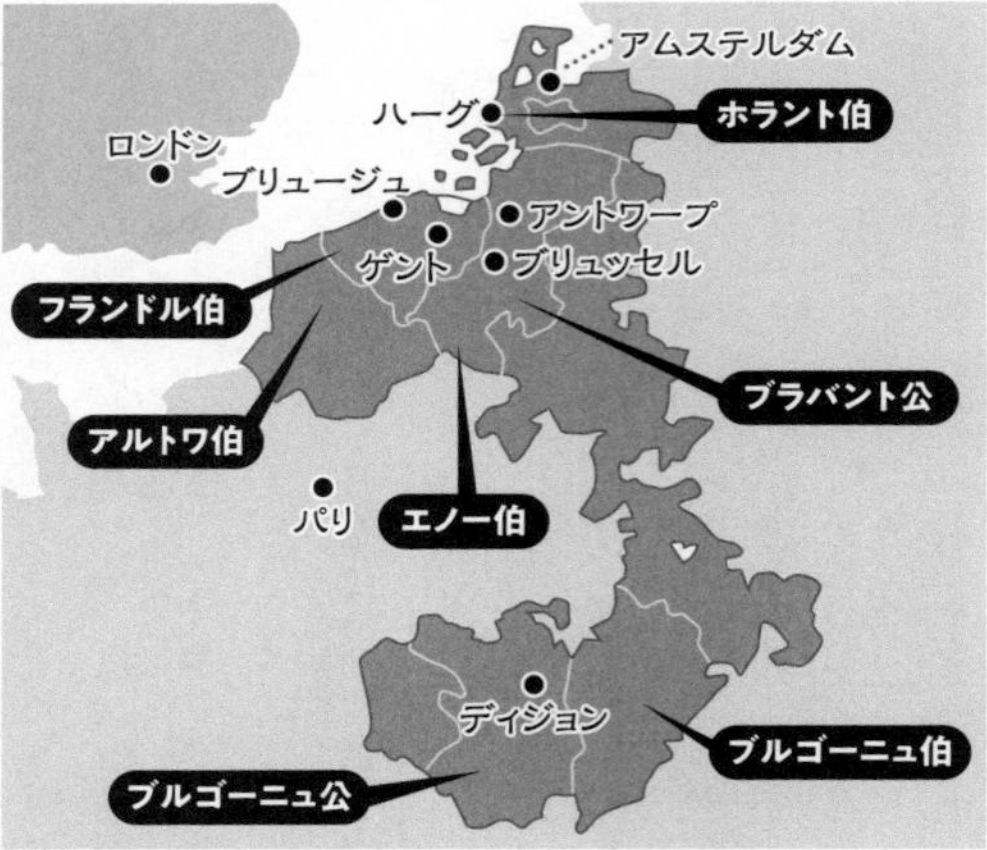

領域は複雑に込み入っているので細部は比較的広めに塗りつぶしてある

したのでブルゴーニュ公領となり、ブラバント地方（ブリュッセル）も編入して一時は仏独の間にもうひとつの国が成立しそうにまでなった。

4代目のシャルル突進公が戦死して、男子がいないのでブルゴーニュはフランス王に返還されたが、フランドルなどは娘のマリーが相続し、マリーがハプスブルク家のマキシミリアンと結婚したのでハプスブルク家にもたらされた。

マリーの孫でフランドルのゲントで生まれたシャルル・カン（カール5世、カルロス1世）がスペイン王になったのでその領地になったが、子のフェリペ2世による新教徒弾圧がたたってオランダ独立戦争に発展した。ただ、南部のカトリック地域はいったんスペインに戻ったあと、オーストリア領、オランダ再併合を経て1830年にベルギー（フランス語でベルジーク、オランダ語でベルヒエ）となった。

オランダの実質首都は、日本ではハーグと呼ばれているが、日本独特の呼び方だ。オランダ語では、スフラーヘンハーへが正式で略称がデン・ハーハだ。英語でザ・ヘイグ、フランス語ではラ・エである。「伯爵の生け垣」とかいった意味だ。

1230年にホラント伯フロリス4世が狩猟場に設けた別荘が起源だ。15世紀にブルゴーニュ公国のホラント総督がここを本拠にし、1588年にネーデルラント連邦共和国の政府が置かれた。憲法で正式の首都はアムステルダムとされ戴冠式はそちらだが、王宮も三権もここにある。

第一次世界大戦後、国際司法裁判所が置かれ、「平和宮」という。王宮はハウステンボス宮。マウリッツハイス美術館には、フェルメールの『真珠の耳飾りの少女』がある。錯覚を利用した絵で知られる「エッシャー美術館」も人気。北海のビーチはスヘフェニンゲンといわれ、読み方が「助平人間」と似ているので憶《おぼ》えやすい。

アムステルダムは、東京駅に似た中央駅を中心に半円形で、同心円状に運河が巡らされている。国立美術館は『夜警』などレンブラントの作品で知られる。ゴッホ美術館やアンネ・フランクの家も有名スポット。２００２年に皇太子時代のウィレム・アレクサンダー現国王とアルゼンチン人のマクシマ・ソレギエータさんの結婚式も「新教会」で行われ、当時の皇太子ご夫妻（現天皇・皇后両陛下）が出席されている。

ベルギーのフランドル地区では、アントワープが最大都市。かつて毛織物、現在ではダイヤモンドで知られる。１９２０年の五輪開催地でもある。ブリュージュは「北のベニス」といわれる水郷都市。

グルメ　カトリック地域の料理はおいしく、質実剛健なプロテスタント地域はまずいというが、その法則通りカトリックのベルギーは世界に冠たるグルメ国だが、プロテスタントのオランダは散々である。海産物には見るべきものがあって、ブローチェ・ハーリング（ニシンの酢漬け）は国民食。サーモンのサンドウィッチも好まれる。

具がたっぷりのエンドウ豆のスープはエルテンスープという。練りパイ生地の中にリンゴを入れたダッチ・アップルパイは代表的なスイーツ。インドネシアを植民地にしていた名残で、中華料理式に並べられるライスターフェルが人気。

COLUMN 02

城下町を最後に新都市建設をしていない日本人

首都として既存の都市のどこかを使う方法もあるが、新都市として建設されることも多い。あるいは、首都とするために根本的な改造をされたりしている。首都らしさは大事だ。

ヨーロッパの首都の多くは、パリやロンドンのように古代ローマの計画都市にルーツを持っていることが多い。ただ、パリは 19 世紀のナポレオン 3 世時代に広い道路や広場、公園、中層のビルが並び、上下水道を持つ都市に根本的な改造をされ、それは各国で模倣された。

ベルリン、サンクトペテルブルク、マドリッド、ワシントンなどは、改造後のパリとよく似た、18 世紀に建設された計画都市だ。西洋の植民地だったところでは、海岸に新都市が建設されたことが多いがよく似た設計思想だ。

日本では、二度の都市建設ブームがあった。最初は奈良時代に都城や国府として条坊制による碁盤の目の都市が建設されたが、防御面に無頓着だったので衰えた。

ついでは、安土桃山時代から江戸時代初期にかけて、主に豊臣系大名の手によって城下町が創始された。これは町全体を惣構えで囲むためにコンパクトであることが要求され、鰻《うなぎ》の寝床といわれる短冊形の町割りと家屋のつくりになっている。

明治維新時には、主に城下町が県庁所在地として使われ新都市建設は少なく、外地で満州の新京のような新都市が建設された程度で、戦後も、新都市は郊外ニュータウンが主体だ。

しかし、ビルだって修復するより建て直した方が合理的なことも多いように、新都市建設は新しい技術や社会制度、文化の導入機会として有益なものであり、日本経済再生のためにもチャレンジするべき課題だと思う。

第2章
ヨーロッパ2

Europe 2

II 神聖ローマ帝国の首都はどこだったか

フランクフルト（神聖ローマ帝国）＆アーヘン（フランク王国）

◉現地での呼称
フランクフルト・アム・マイン

◉人口
76万人

ドイツ第三帝国といえばナチスのことだが、第二帝国は普仏戦争のあとベルサイユ宮殿で1871年に成立したドイツ帝国である。そして第一帝国はといえば、中世からナポレオン戦争までドイツとイタリアを中心に存在した「神聖ローマ帝国（サクラム・ロマニウム・インペリウム）」のことである。

西ローマ帝国滅亡（476年）のあと西ヨーロッパを統一したのはメロビング朝フランク王国のクロービス王で、496年にカトリックに改宗して西ヨーロッパの支配者として認められた。そして、カロリング朝のカール大帝（シャルルマーニュ）は、800年にローマ教皇から西方の皇帝として戴冠された。

この帝国はやがて3分割され、最初は中フランク王（仏独中間地帯とイタリア）が皇帝を兼ねていたが、東フランク王（ドイツ）が中フランク王国のほとんども勢力下に置いて神聖ローマ帝国皇帝を名乗った。しかし、この帝国は封建諸侯の連合体で、世襲は確立されず、皇帝は選挙で選ばれていた。そんなわけで、この帝国の首都がどこであったかと特定することは難しいのである。

たとえば、14世紀にしばしば皇帝を出したのがルクセンブルク家で、もともとルクセンブルク領主だったが、ボヘミア（チェコ）王の地位も獲得してここにいることが多かった。とくにカール4世は名君で、プラハはあたかも帝国の首都のように栄えた。現在のプラハを代表する名所であるモルダウ川のカレル（カールのチェコ語名）橋はこの皇帝が建設したもの。

神聖ローマ帝国戴冠都市と七選帝侯

しかし、もし不完全でも帝国の首都らしい都市があったとすれば、アーヘン、ついでフランクフルト（正式にはフランクフルト・アム・マイ

ン）だ。カール大帝の宮廷の故地はアーヘン（仏語ではエクスラシャペル）で、戴冠式はフェルディナント2世までここで行われた。

一方、フランクフルトでは、1152年のフリードリヒ・バルバロッサ以来、24人の皇帝がここで選出され、1356年のカール4世による「金印勅書」により皇帝選出の地と確定し、1562年、マキシミリアン2世からは戴冠式もここに移った（ただし、帝国議会は南西部のレーゲンスブルクという町で開催されていた）。

1790年に行われたレオポルト2世の戴冠式では、モーツァルトが「戴冠式協奏曲」を披露したことで知られているが、最後の戴冠式はその2年後のフランツ2世のときで、1806年には神聖ローマ帝国自体がなくなった。

その後、1815年のウィーン会議で、ハプスブルク家のオーストリア帝国を盟主としてドイツ連邦が発足し、フランクフルトに議会が置かれ、1848年にドイツ全土で三月革命が起こったときには、国民議会がここのパウルス教会で開催された。

第二帝国のもとでは、その地位を失い専《もつぱ》ら産業都市として発展した。戦後は、アメリカ軍占領地域の行政の中心となり、ついで、トリゾーン（米英仏管理地域）の統治機関が置かれるなど、西ドイツの有力な首都候補だったが、ケルン市長だったコンラート・アデナウアー首相が地元に近いとして推すボンに敗れた。いずれベルリンに戻したい人たちが、歴史があるフランクフルトを臨時首都にするとそのまま固定されるという危惧から小さい大学都市であるボンを好んだともいわれる。

ただし、ドイツ連邦銀行はフランクフルトに置かれたほか、主要銀行の本店やドイツ証券取引所、さらには1998年にはヨーロッパ中央銀行もここに置かれることになった。フランクフルト国際空港はドイツを代表する空港だ。

第二次世界大戦では、連合軍の爆撃で古い町並みは完全に失われ、戦後は復元されることなく「マインハッタン」と呼ばれたりする現代都市になった。マイン川対岸から見る高層ビル群はこの町でもっとも魅力的な風景である。アルトシュタット（旧市街地）には、戴冠式が行われたカイザー・ドーム、国民議会が開かれたパウルス教会、ゲーテの生家などがある。

グルメ　フランクフルト・ソーセージは豚の腸に詰めた大きめのもので、本来のウィンナーは羊の腸に詰めた小さめのもの。ミュンヘンの白いソーセージ「ヴァイスヴルスト」とか「ニュルンベルガー」は、小ぶりで羊の腸に詰めたもの。マジョラムという香草を入れたものも人気がある。

12 ブランデンブルク門とベルリンの壁

ベルリン（ドイツ連邦共和国）

◉現地での呼称
ベアリン

◉人口
375万人

ドイツ第二帝国は1871年1月18日にベルサイユ宮殿でプロイセンのウィルヘルム1世が即位して誕生した。戦陣のなかで王が推挙されるのは、ゲルマン人の伝統による。

プロイセン、バイエルン、ビュルテンベルク、ザクセンの4王国、6大公国、5公国、7侯国、3自由都市に皇帝直轄領たるエルザス・ロートリンゲンが加わった。もともともっと多くの領邦に分かれていたが、ナポレオンがそこそこの規模にまとめていてくれたのに助けられた。

プロイセンは、バルト海に面し、リトアニアとポーランドの中間の王国である。現在のロシア領カリーニングラード、ドイツ名でケーニヒスベルクが中心都市で、哲学者カントはここで一生を過ごした。

プロイセンのホーエンツォレルン家は、南西ドイツの小領主から出発してブランデ

ベルリン都心図

ンブルク選帝侯となり、さらに結婚を通じて手に入れたプロイセンが神聖ローマ帝国の領域外であることから、強引に国王を名乗って、成り上がった。

ベルリンは熊の町という意味で、フランス人建築家によって設計された。第二帝国の成立とともに、プロイセンとドイツの両方の首都になった。メーンストリートはウンター・デン・リンデンで、森鷗外は『舞姫』のなかで、「菩提樹下と譯するときは、幽静なる境なるべく思はるれど」などと書いている。歴史の舞台になったブランデンブルク門はその西端にあり、東西分裂時代はベルリンの壁の東側だった。

ソ連などは、西ベルリンが西ドイツの一部であることを認めず、西ドイツと西ベルリンの交通を邪魔したので、空輸作戦で生き延びたこともある。一時は人口も減少して、ヘルベルト・フォン・カラヤン指揮のベルリン・フィルだけが輝いていた。だが、ソ連のペレストロイカのおかげで東西ドイツ統一が実現した。

もともと、統一したらベルリンを首都にするという既定方針のはずだったが、ボンというコンパクトで自己主張しない首都もいいという人もいて大論争となり、議会での投票でベルリン移転が決まった。

ベルリン一極集中の心配もあったが、EU統合で権力はブリュッセルに行くし、国土の端っこのベルリンは、首都機能なしでは衰退するのも心配だった。ただ、国防省をはじめ、教育学術省、環境省、食糧農林省、経済協力省、保健省、カルテル庁、保険庁、金融機関庁、保険制度監督庁、食糧森林庁、農業市場制度庁、会計検査院、中央鉄道庁などの省庁やドイツテレコム、ドイツポストなどがボンに残った。

ベルリンの国会議事堂は、アドルフ・ヒトラーが首相になった1933年に謎の出火で全焼し、壊れたままになっていたが、修復されることになった。

イギリス人建築家ノーマン・フォスターの案に基づき、外壁を残したまま、巨大なガラス・ドームを建設して、開放的な建築となった。ドームの上部からは市内が展望でき、眼下に議場が眺められる。1999年の完成である。

ベルリンの壁は撤去されたが、ところどころに残されている。西ベルリンから東ベルリンに入るときには、チェックポイント・チャーリーという検問所を通った。そこを過ぎるとソ連軍の兵士があちこちにいて、大通りは寂しく、有事には航空機が発着できるようにしてあり、ウンター・デン・リンデンには、ソ連軍の慰霊施設がありソ連兵に守られていた。

ペルガモンの古代ギリシャ遺跡の巨大な祭壇や、バビロンのイシュタル門が復元されているペルガモン博物館があるのが博物館島（ムゼウムスインゼル）で、シュプレー川の中州の北半分を指しベルリン大聖堂もここにある。

グルメ ベルリンには非常にトルコ系住民が多いが、これは西ベルリン時代に人口減に対応するために呼び込んだのも理由らしい。このためトルコ料理が郷土料理化しており、ハンバーガーのかわりにケバブが愛されている。

ベルリン名物のビール「ベルリナーヴァイセ」は小麦を使ったビールで、乳酸菌も使って発酵させているので酸味があり、木いちごのシロップが入った赤いベルリナーヴァイセと、香草のシロップが入った緑のベルリナーヴァイセがある。

13 ハプスブルク二重帝国の2つの首都
ウィーン（オーストリア）＆ブダペスト（ハンガリー）

◉現地での呼称
ヴィーン（ヴェアン）

◉人口
190万人

第一次世界大戦の引き金になったサラエボ事件というのは、セルビア人青年がオーストリアの皇太子夫妻をオーストリア・ハンガリー二重帝国に併合されたボスニア・ヘルツェゴビナの首都で暗殺したものだ。

ハプスブルク家を君主とするオーストリアとハンガリーは、二重帝国（デュアル・モナキー）を組んでいた。「帝国議会において代表される諸王国および諸邦ならびに神聖なるハンガリーのイシュトヴァーン王冠の諸邦」（ディー・イム・ライヒシュタット・フェルトレーテネン・ケーニヒライヒ・ウント・レンダー・デル・ハイリゲン・ウンガリシェン・シュテファンスクローネ）というのが正式名称であった。

ハプスブルク家はスイスの小領主だったが、社交上手で、たまに、皇帝を出したりしつつ、オーストリア公国を手に入れるなど領地を増やし、アルブレヒト2世以降は皇帝位を独占していた。

オーストリア・ハンガリー二重帝国

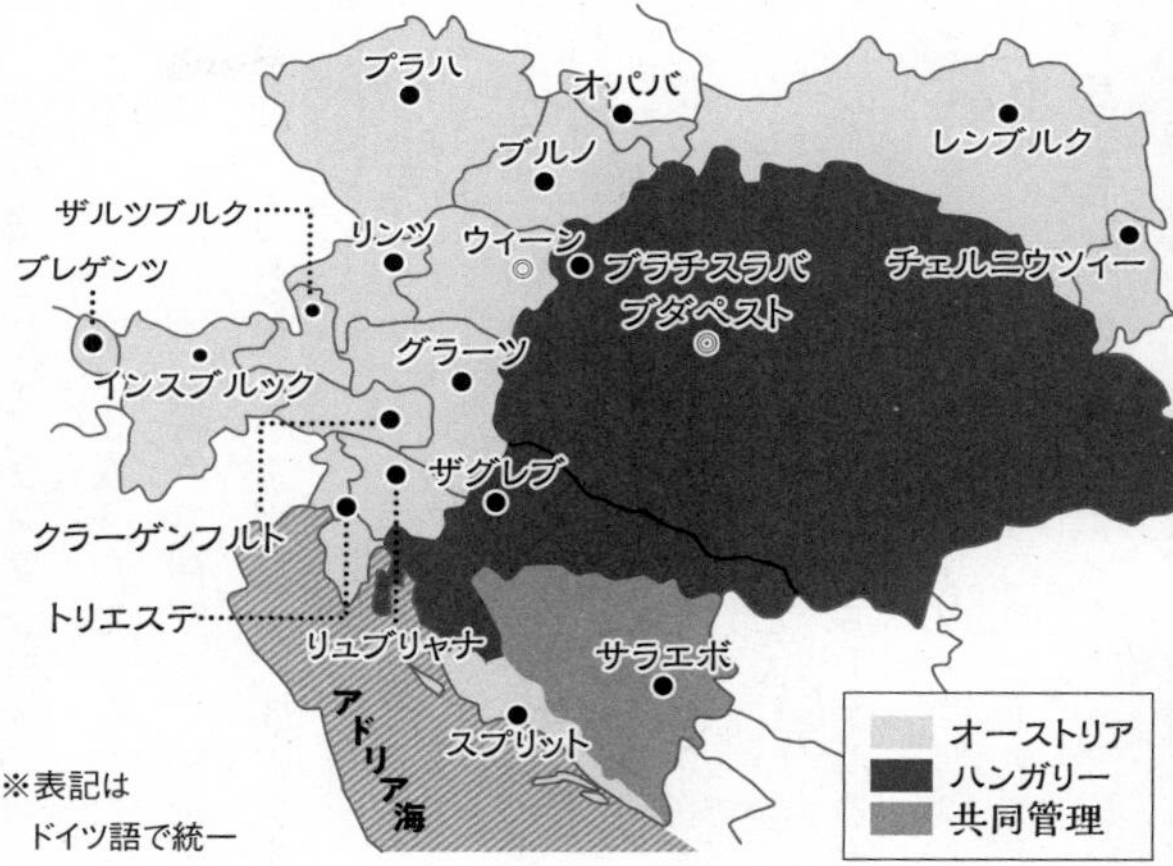

第10項で説明したように、カール5世はブルゴーニュ公家、スペイン王家の継承権も持っていたが、離ればなれの領土をよく治めるのは難しく、オーストリアと皇帝位は弟のフェルディナント1世に譲った。

そのフェルディナントと子孫は、結婚を通じてハンガリーとベーメン（ボヘミア）の王位も手に入れた。この結果、ハプスブルク家は、神聖ローマ帝国の範囲を超えて、東欧にまで広がる中ヨーロッパ国家の主になった。

だが、カール6世には男子がなかったので、フランスのロレーヌ（ロートリンゲン）公フランツと娘のマリア・

テレジアを結婚させ、フランツが皇帝に、マリア・テレジアがオーストリア女公、ボヘミア女王、ハンガリー女王などになった。

しかし、ナポレオン戦争で神聖ローマ帝国は廃止になり、フランツ2世はオーストリア皇帝になったが、ハンガリー民族主義を鎮めるために、オーストリア帝国とハンガリー王国を兼ねる形にして慰撫した。

チェコはオーストリア帝国、スロバキアはハンガリー王国とに振り分けられたが、スラブ人たちの不満が爆発したのがサラエボ事件だった。

ウィーンは、マリア・テレジアやモーツァルトの時代の雰囲気は郊外のシェーンブルン宮殿に求められるが、市内では国立歌劇場に代表されるように、実質的な最後の皇帝であるフランツ・ヨーゼフと美しいエリザベート皇妃を偲《しの》ぶべきだ。

国立美術史美術館では、ブリューゲルの絵を見て、フランドルもハプスブルク領土だったことを思いだそう。郊外のウィーンの森も楽しい。ウィーン国立歌劇場の切符がとれれば最高だ。なにしろそのオーケストラは、あのウィーン・フィルなのだ。

ハンガリーのブダペストはマリア・テレジアが女王だった18世紀の雰囲気をよく伝える。ドナウ川もここではほどよい幅だし、両岸にブダ地区とペスト地区の美しい町並みがあって、こちらの方が、よほど「美しく青きドナウ」らしい。

英国のそれに似た国会議事堂はペスト地区で、ブダ地区には戴冠式の行われたマーチャーシュ教会がある。「漁夫の砦」はパリのモンマルトルの丘にあるサクレ・クール寺院に似た東方的センスで、アジア系民族が建てたハンガリーの首都にふさわしい。

第二次世界大戦後はソ連に占領されたが、１９５６年の政変で中立を宣言し、ハンガリー動乱の悲劇を生んだ。だが、ソ連は外交政策で忠実なら経済政策では市場経済を実験させてくれたのでそれほど息苦しくはなかった。

ドナウ川沿岸の湿地帯には鳥が多く羽毛を産する。また、温泉が多いのも珍しい。スズキ自動車が進出している。

グルメ　ウィーンでは、デメルかザッハホテルでザッハトルテを楽しみたい。食事をするなら、イタリア料理かハンガリー料理でハプスブルク帝国の時代を偲ぶのがいい。ブダペスト名物はウィーンっ子も大好きなグラーシュというパプリカがたくさん入ったビーフ・シチューだ。ルイ14世も大好きだったトカイという貴腐ワイン、それにフォワグラだ。社会主義時代が終わってまもなくのころは、こんがりとウェルダンに焼き上げていたが、だいぶ改善されたらしい。

14 レコンキスタ（再征服運動）と騎士物語

マドリッド（スペイン）＆リスボン（ポルトガル）

◎現地での呼称
マドリード

◎人口
327万人

スペインの皇太子は、アストゥリアス公という肩書きを名乗ることが習慣になっている。オーストリアのハプスブルク家由来と勘違いする人もいるが、レコンキスタ（国土回復運動）と呼ばれるイスラム教徒との戦いの英雄に因《ちな》むものだ。

ゲルマン民族の大移動で、トレドを首都としてスペインを支配していた西ゴート王国はダマスカスを首都とするウマイヤ朝イスラム帝国に併合された。ところが、ウマイヤ朝はバグダードを首都とするアッバース朝にとってかわられた。そこで、イベリア半島にいた残党が後ウマイヤ朝というアンダルシアのコルドバを首都とした帝国を樹立し、イベリア半島を支配したのである。

しかし、北部の山岳地帯で、西ゴート貴族ペラジョがイスラムの討伐軍を迎え撃って退け、半島の完全制覇は阻止した（722年）。このペラジョが建てたのがアストゥリアス公国で、その娘の結婚相手の弟ヘルムートが公国を引き継ぎ、その子孫がカ

イベリア半島の宮廷都市

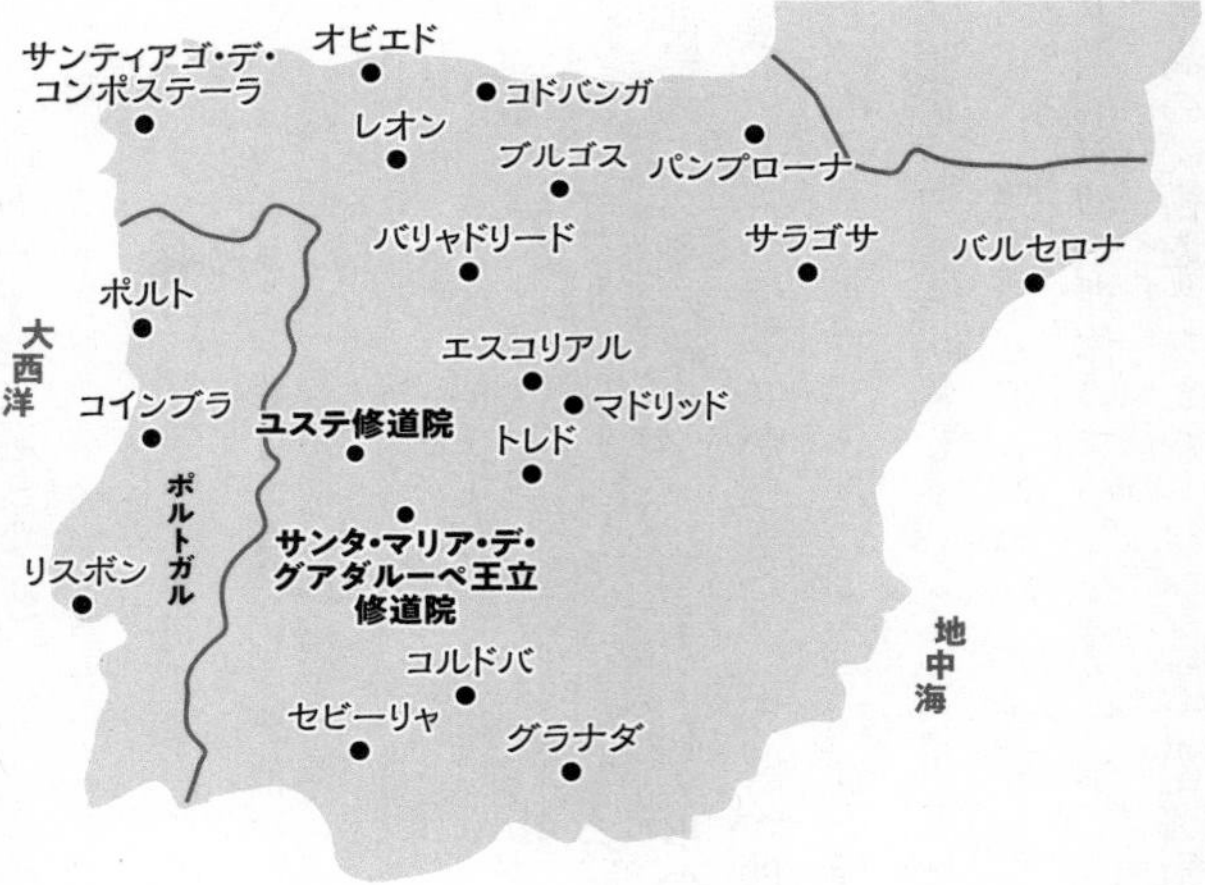

スティリャ王を名乗るようになって、イベリア半島最大の国になった。

イザベラ女王に至って、東部サラゴサを首都とするアラゴンのフェルナンド王と結婚し、最後のイスラム国の首都だったグラナダを落として全土が統一された。

王位は、この両王の外孫であるハプスブルク家のカルロス1世に引き継がれ、長くフランスのブルボン家と対立したが、18世紀に、ハプスブルク家は断絶し、母親と王妃がスペイン王女だったフランスのルイ14世が孫をフェリペ5世としてスペインに送った。それまで、カスティリャとアラゴンは同君連合に過ぎなかったが、このときにエスパニア（スペイン）王国が成立した。

カスティリャ王国の宮廷は、初期にはオビエドなどであり、レオン、ブルゴス、トレド、バリャドリードなどが歴代の主要都市になったが、あちこち旅をしていたので確固とした首都はなかった。しかし、1561年にフェリペ2世がマドリッドに宮廷を移し、以後、マドリッドが首都と意識された。イベリア半島のほぼ中央に位置し、気候が比較的よく、水も豊富だった。マドリッドの地名の起源も、本当は、アラビア語の「アル・マジュリート」（水源）という意味だという。

9世紀にイスラム教徒がマンサナーレス川の斜面の上に砦《とりで》を築き、その跡に王宮が建っている。フランスから来たフェリペ5世の治世からだが、マドリッドの町もこの王とその子のカルロス3世によって18世紀風の都市として整備された。

長方形のマヨール広場はイベントの場として使われ、異端裁判やアウト・デ・フェ（火あぶり）、闘牛などにも使われた。完成したのは18世紀末だが中世的雰囲気を残す。

プラド美術館は『裸体のマハ』などのゴヤ、ベラスケス、エル・グレコの名品がある世界最高の美術館のひとつ。ソフィア王妃芸術センターには、ピカソの『ゲルニカ』

が展示されている。プエルタ・デル・ソルは、中心的な広場でスペインの道路元標があって、東京でいえば日本橋に当たる。

伝統的な楽しみは、闘牛だが、最近ではエスタディオ・サンティアゴ・ベルナベウを本拠とするレアル・マドリードの試合が世界サッカー・ファンの楽しみ。郊外にはフェリペ2世のエスコリアル宮殿、古都トレドがあって日帰りで観光できる。

ポルトガルでは、リスボンが1255年から首都になっている。大航海時代の端緒を創ったエンリケ航海王子の記念碑やインド航路を開拓したバスコ・ダ・ガマの墓があるジェロニモス修道院が名所になっている。

18世紀の地震で全壊した以降に再建された坂の町で、交通機関としてのエレベーターやケーブルカーが名物。カラフルなタイル（アズレージョ）を多用し、コルクの木が南国的な町並みに彩りを添える。

グルメ　マドリッドのマヨール広場の周囲の建物には、さまざまなマッシュルームの蒸し焼きとかオムレツとか鰻の稚魚のアヒージョといった一品だけの名物料理を出す店などが並ぶ。伝統的なこの地方の料理では、子豚の丸焼きなどが知られるが、最近はタパスといわれる小皿料理が世界で人気だ。

15 北欧福祉国家の湖に浮かぶ首都

ストックホルム（スウェーデン）＆北欧諸国

◉現地での呼称
ストックホルム

◉人口
96万人

スウェーデンは、17世紀のドイツ三十年戦争に介入してドイツでも領土を獲得したが、18世紀のカール12世は、ロシアのピョートル大帝に北方の覇権を巡る大決戦を仕掛けて敗れ、ロシアにバルト海への進出を許した。

ナポレオン戦争後のウィーン体制では、フィンランドをロシアに、ポンメルン（ドイツのバルト海沿岸地方）をプロイセンに譲り、代わりにデンマークからノルウェーを獲得したが、ノルウェーはのちに独立してしまった。

フランス革命のころのグスタフ3世は、『ベルサイユのばら』で知られる美男子のフェルゼンをベルサイユの宮廷に送り込んでフランス（王妃）との協調でロシアと対抗しようとしたが、仮面舞踏会の最中に暗殺された（この事件から想像力たくましく筋書きを創ったのが、ヴェルディのオペラ「仮面舞踏会」だ）。

ストックホルムは、バルト海とメーラレン湖に挟まれた水路に面したスタツホルメ

ストックホルム

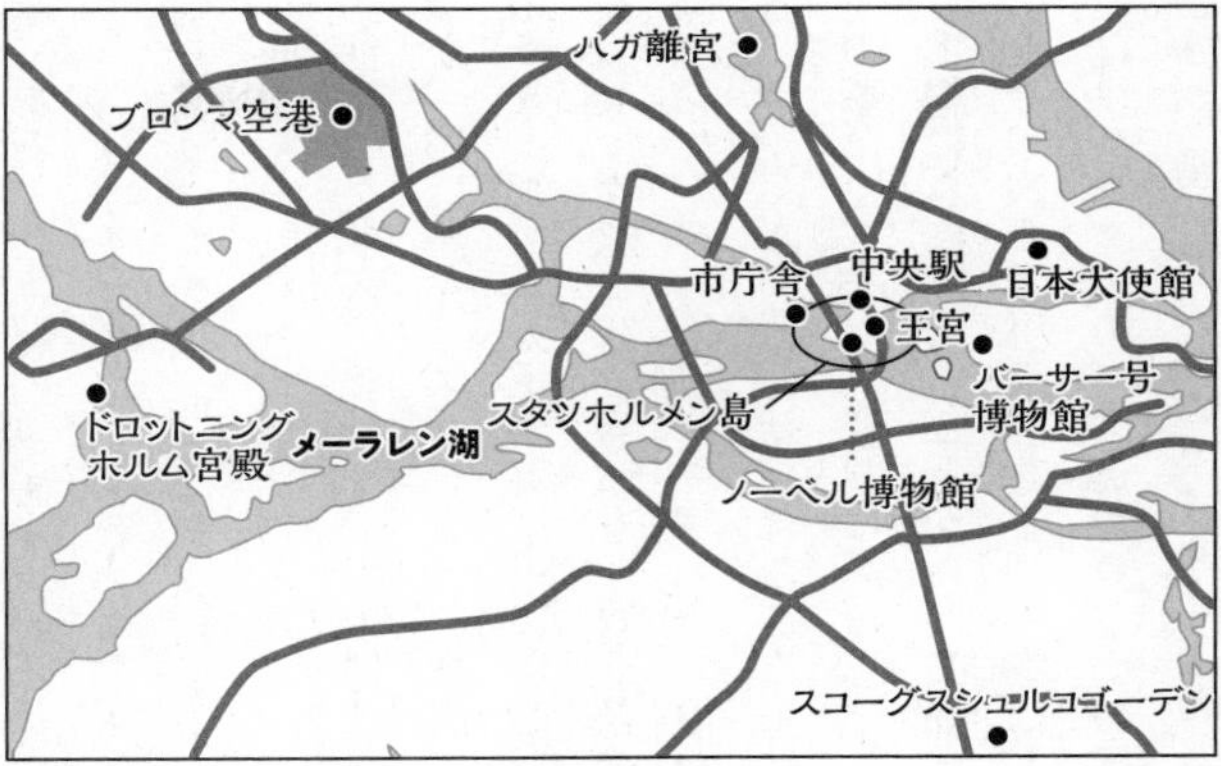

ン島に砦が建設されたのが始まり。王宮がある場所である。意味は「丸太の島」。1523年に首都とされた。メーラレン湖の小さな島にあるドロットニングホルム宮殿は、グスタフ3世やその母であるロヴィーサ・ウルリカが整備したバロック式の宮殿で、夏のフェスティバルで知られる。

ノーベル賞授賞式が行われるのは、市庁舎である。スウェーデン・アカデミーがある旧証券取引所の建物にノーベル博物館がある。観光の目玉は湖の遊覧船。スコーグスシュルコゴーデン（共同墓地）は20世紀建築の名作で世界遺産だ。日本が初参加した1912年夏季五輪の開催地でもある。

ヨーロッパで最古の王室は、デンマーク

王家である。10世紀のゴーム王の子孫がいまも王位にある。シェークスピアの『ハムレット』は、イングランド、ノルウェーの王を兼ねたスベン双鬚王のころの話だ。14世紀の摂政マルグレーテはデンマーク、ノルウェー、スウェーデンを合一し、「カルマル同盟」を成立させた。

19世紀のクリスチャン9世の子供はギリシャ王、孫がノルウェー王になって分家したほか、娘はイギリスとロシアの皇后になった。父のエジンバラ公がギリシャ王家出身のチャールズ皇太子が英国王になると男系ではデンマーク王家の分家になる。家名はグリュックスブルク家（ドイツ北部の地名）。

コペンハーゲンは、スウェーデン領から狭い水道で隔てられたシェラン島の東側にある。カルマル同盟が結ばれたころには、同じ島のロスキレに宮廷があったが（歴代国王の墓はロスキレ大聖堂にある）、１４４３年にコペンハーゲンに移った。

11世紀に良港であることから商業都市として発展した。クリスチャンスボー城が発祥の地で、国会議事堂がある。王室は１７９４年にアマリエンボー宮殿に移った。町並みはオランダ風のパステルカラーのペンキで彩られている。アンデルセンの「人魚姫の像」、歩行者天国のパイオニアとして知られるストロイエ、チボリ公園、ロイヤルコペンハーゲンやカールスバーグ・ビール工場などが知られる。

ノルウェーのオスロは、フィヨルドの奥の港町で、11世紀に開かれ、１２９４年から首都である。17世紀から１９２５年までは、クリスチャニアと呼ばれていたこともある。ノーベル平和賞の授賞式は、オスロ市庁舎で行われる。

フィンランドのヘルシンキは森と湖に囲まれ、サンタクロースとムーミンの国。名物はサウナだ。スウェーデン王が入江の奥に築いた町だが、ロシア領になった時期もある。市の中心の高台にはロシアがつくった白亜のヘルシンキ大聖堂が聳える。

主要国首都では最北の町で北緯60度、白夜の季節の夜、散策するのは実に快適だ。デザインが得意な国民でアラビアの陶器など雑貨に良い物が多く、町並みも美しい。町並みはサンクトペテルブルクに似た雰囲気もあり、東西冷戦時代にはソ連を扱った西側映画のロケに使われた。１９５２年夏季五輪の開催地。

グルメ　スウェーデンのスモーガスボードは、日本のバイキング料理の原型になった。21世紀の最初の15年ほど、しばしば世界のベストレストランのひとつに選ばれたのがコペンハーゲンの「ノーマ」だが、近年は営業形態を変えた。

16 ロンドン（連合王国）

ロンドン塔とイギリスの神武天皇

◉現地での呼称
シティ・オヴ・ロンドン

◉人口
１万人

イギリスとイングランドと英国は違うものかと聞かれたら、歴史に詳しい人でも「はて」と思うだろうが、少なくとも語源論からは同一である。イングランドをポルトガル語でイングレーゼといい、それを南蛮人から聞いて日本ではイギリスというようになったようだ。それに漢字で英吉利《イギリス》と当て字を与えて略して英国である。

だが、日本人は、「グレートブリテン及び北アイルランド連合王国」のことをイギリスとか英国といい、本来のイングランドを指すときにはイングランドということが多いので、本来は誤用なのだが受け入れてそのように使う。

ロンドンは、ローマ都市ロンディニウムに始まる。ケルト人たちの言葉の「野性」に由来するともいうが不明だ。ガリア（フランス）を征服したカエサルは、やはりケルト人が住むブリテン島に上陸したが（前58年）、本格的な領土化はクラウディウス帝の時代になってからだ（後43年）。

ロンドン中心部

ローマ人は、テムズ川の下流で橋が架けられるもっとも海に近いところを選んでロンディニウム（ロンドン）を建設した。しかし、帝国領としては長く維持できず引き揚げ、群雄割拠となり、異民族の侵入を受けた。

アングロサクソン人はデンマークのユトランド半島から来て七王国（ヘプターキー）を建てたが、８２９年にウェセックス王エグバートによって統一され、アルフレード大王が統一王国らしくした。

しかし、デーン人（バイキング）が侵入し、デンマーク王が英国王を兼ねたり、エドワード懺悔《ざんげ》王が何人にも王位を与えると約束して混乱するなか、フランスのノルマンディー公だったギヨーム（ウィリアム1世）が1066年に征服した。以来、ウィリアムの子孫が女系相続もしつつ継承をしている。英国の神武天皇的存在だ。

ノルマン征服（コンクエスト）以前、ロンドンは最有力の都市だったが首都とはいえなかった。カトリックの首座はケント州のカンタベリー（ロンドンの東）に置かれ、アルフレード大王の本拠はハンプシャー州ウィンチェスターだった。

しかし、エドワード懺悔王はウェストミンスター寺院を創立し、ウィリアム王もここで戴冠式を挙げ、ロンドン塔を築き王宮とし首都ロンドンが確定した。

イングランド王はその後もノルマンディー公としてはフランス王の家臣のままで、しかも、結婚によりフランスで領地を拡げ、王家とも縁組みした。ついには、フランス王位まで狙って英仏百年戦争が起き各地を転戦した。もし、成功していたら、イングランド王はパリに住み英国人もフランス語を話すことになっただろうが負けたので、王はロンドンに落ち着き英語を話すようになった。

そして、ノルマン家、プランタジネット家（もとはフランスのアンジューが本拠。分家がランカシャー家とヨークシャー家）のあと、ウェールズにルーツを持つテューダー家が王位に就き、ここからヘンリー8世やエリザベス女王が出てイギリスは世界へ雄飛した。ウェールズ人は海への関心が強く、商業が得意だった。

アイルランドはキリスト教化されたのちも群雄割拠が続いたが、12世紀に英国王ヘンリー2世が征服し、子のジョンにアイルランド卿（ロード）を名乗らせ、1541年にヘンリー8世がアイルランド王を名乗った。さらに、ウィリアム3世が1690年にボインの戦いでカトリック勢力を破って支配は強固なものとなった。

アイルランドでは、独立運動の結果、第一次世界大戦ののちに、北アイルランドを除き独立したが、IRAが南北アイルランドとの合邦を求めてテロを繰り返し、いったん停戦したが、EU離脱の結果、問題が蒸し返されて泥沼に陥りつつある。

船の停泊地として発展した首都ダブリンは10世紀からアイルランドの中心で、魅力的なパブが多いことで知られている。

グルメ　イギリスの食事というと昔からまずいものの代名詞。日本の武士と同じように、イギリスの騎士は食べ物の味なんぞ論じるのを良しとしなかった。ロンドンで一番おいしいのはインド料理といわれたこともあるが、EU加盟のお陰で、料理が国際化し長足の進歩を見せた。

17 エリザベス女王一家の宮殿はどこに

大ロンドン（連合王国）

◉現地での呼称
グレーター・ロンドン

◉人口
896万人

スコットランドには、イングランド王が支配を及ぼそうと試みたが、スコットランドはフランスと組み抵抗した。とくに、ステュアート家のメアリー女王は、フランス王フランソワ2世の王妃となったが、王の死でスコットランドに帰った。しかもメアリーは、エリザベス女王は不倫時代の子で嫡出とはいえず、女王たる資格がないとイングランド王位まで要求した。

しかし、スコットランドでもプロテスタントが強くなり、メアリーは息子のジェームズによって追放され、イングランドに逃れるが、そこでもエリザベス女王を陥れようとしたので処刑されたが、エリザベス女王には子がなかったので、ジェームズ（1世）が即位してステュアート朝を開いた。

こうしてイングランドとスコットランドは、1603年に同君連合、1707年にグレートブリテン王国に統一された。1801年にはアイルランドもこれに加わった。

また、１９９９年にはスコットランドで議会が復活して自治権も拡大され、独立のための住民投票も行われた。いちどは否決されたが、自治政府はいまも独立派である。

グレーター・ロンドンは、約１５７７平方キロメートルで、東京23区が25キロ四方に対して、40キロ四方だ。シティ（ロンドン塔や金融街）とウェストミンスター、そして31の特別区によって構成されている。人口は約８９６万人。

ホリールードハウス宮殿はスコットランド王宮、バルモラル城はエリザベス女王の夏の別荘、カーナボン城はプリンス・オブ・ウェールズの戴冠式会場、サンドリンガム・ハウスは王室がクリスマスを過ごす場所、ハイ・グローブハウスはチャールズ皇太子の郊外の住居。
前項のロンドン市内図のうちクラレンス・ハウスはチャールズ皇太子のロンドン住居、ケンジントン宮殿はウィリアム王子の住居。

かつてはロンドン市長といえ

ば、シティの市長を指したが、２０００年に大ロンドン市長のポストが創設され、ボリス・ジョンソン首相もこのポストの経験者だ。

ウェストミンスター区は、もともとは国会周辺だけだが、現在では、バッキンガム宮殿、首相官邸のあるダウニング街、東京でいえば銀座などの商業地区であるオックスフォード・ストリート、リージェント・ストリート、ピカデリー、ボンド・ストリート、歓楽街のソーホーなども含む。

東部地区は、港湾機能があったことから、労働者や移民が多い下町で、「コックニー」というべらんめえ言葉のような訛《なま》りで知られる。最近は都市開発が進んで、２０１２年オリンピックのメーンスタジアムや大型イベントスペース、新しい金融街も出現している。

西部はいわば山の手で、ケンジントン宮殿（ダイアナ妃が住んでいた）、チェルシーエリアなどの住宅街、ロイヤル・アルバート・ホールやリッチモンド、テニスで有名なウィンブルドン、サッカーの聖地ウェンブリー・スタジアムがある。

中心部では、テムズ川にかかるタワーブリッジ、大観覧車であるロンドン・アイ、ネルソン提督の像があるトラファルガー広場、ロゼッタストーンがある大英博物館、絵画の名品が多いナショナル・ギャラリー、蠟人形で有名なマダム・タッソーの館なども観光名所。

スコットランドの首都はエディンバラ。エディンバラ城という要塞が市内に聳えてランドマークになっている。ホリールードハウス宮殿は公式の王宮で、1565年、メアリー女王の前で彼女の秘書で愛人といわれたダヴィド・リッツィオの殺害が行われた部屋が残る。メンデルスゾーンはここで「スコットランド交響曲」の着想を得た。

皇太子が代々名乗るプリンス・オブ・ウェールズの戴冠式はウェールズ北西のカーナボン城で行われるが、チャールズ皇太子は現地語でスピーチして話題になった。

英国王室が使っている宮殿の数々は、地図に表示した。これを参考にすると、王室関連のニュースやドラマがもっと身近に感じられると思う。

グルメ　「フィッシュ&チップス」は、白身魚のフライとジャガイモを揚げたもの。「スコーン」というビスケット、ミートパイ、スコッチエッグ、それからマッシュポテトもイギリス人は大好きだ。少し高級なところでは、ローストビーフとスモークサーモン。英国式のブレックファーストは日本人にはコンティネンタルより好まれそう。アフタヌーンティーも同様だ。

18

ワルシャワ（ポーランド）

ショパンコンクールは5年ごと

◉現地での呼称
ワルシャワ

◉人口
178万人

ポーランドは、1000年に神聖ローマ帝国から王国として認められた。14世紀にはポーランドとリトアニアがヤゲロー王朝のもとで合一し、大国として現在のウクライナまで領土に加え、バルト海沿岸のプロイセン地方にも宗主権を行使した。ロシアまで攻め込んだことは、ムソルグスキーのオペラ「ボリス・ゴドノフ」のテーマとなっている。このころの首都は内陸のクラカウで、ルネサンス文化が栄え、コペルニクスが地動説を唱えたのもここでのことだ。

西欧を追われたユダヤ人を多く受け入れたので、ユダヤ文化とポーランド文化は渾《こん》然《ぜん》一体となっている。バベル城、中央市場広場、聖マイラ教会などがみどころ。

平原を流れる3本の川の扇状地に拡がるワルシャワが首都となったのは1611年だが、そのころには、ウクライナ地方がロシアに併合され、東プロイセンへの宗主権も失われた。少数でも反対があれば決定が下せない過度の民主制が迅速な意思決定を

ワルシャワの文化科学宮殿

阻害したが、多数意見に従わない天邪鬼《あまのじゃく》はEUでも各国を困らせている。

1772年から3回にわたってロシア、プロイセン、オーストリアの間で分割されて国がなくなり、中心部はロシアの支配下に入って、独立は第一次世界大戦の終結ののちである。

戦後はソ連の影響下に入ったが、カトリックの力は維持され続け、1980年のグダニスク造船所におけるワレサを指導者とした「連帯」運動が起こり自主管理が導入され、1978年にクラカウの大司教だったヨハネ・パウロ2世がローマ教皇に選出されたこととあいまって、東欧解放のきっかけをつくった。

マーケット広場などのワルシャワの中心部は、ナチスによってワルシャワ蜂起の報復として徹底的に破壊された。戦後の再建は、18世紀イタリアの画家カナレットの風景画をもとに細部にまで拘《こだわ》って行われた。

また、スターリンからの贈り物だったデコレーション・ケーキのような文化科学宮殿がランドマークになっている。

ルーマニアのブカレストは、トランシルバニア山脈とドナウ川にはさまれたワラキア平原の中央部にある。第一次世界大戦勝利の記念に建てられた凱旋門もあるフランス風の町だが、1989年のルーマニア革命で殺された独裁者チャウシェスク大統領が建てた議会宮殿（旧名「国民の館」）はペンタゴン、タイ国会議事堂に次ぐ面積を誇る巨大建築で、豪華絢爛を誇る。

ブルガリアの首都ソフィアは渓谷地帯にあり、標高550メートル。霧が深い町だ。古代ギリシャ時代にはトラキア人の町として知られ、ビザンツ帝国やオスマン帝国のもとでも栄えた。

1879年にロシアの援助でオスマン帝国から解放された。スレデッツと呼ばれたことがあるが、ソフィアに統一された。ローマ時代の紀元4世紀に建った聖ゲオルギ聖堂が中心部に残る。アレクサンドル・ネフスキー教会は独立に貢献したロシア軍兵士を称《たた》えたもの。国立歌劇場の合唱団も重厚な歌唱で知られ、ヨーロッパ各地の音楽祭でも人気だ。

セルビアのベオグラードは、ドナウ川中流の軍事的要地で、サバ川との合流地点の丘の上に発展した。クロアチアの首都ザグレブはゴシックやバロックの建物が並ぶ美しい町で、京都の姉妹都市である。

ボスニア・ヘルツェゴビナのサラエボは、第一次世界大戦のきっかけとなったオーストリア皇太子暗殺事件の現場。スロベニアの首都リュブリャナはオーストリアの地方都市のような美しさ。北マケドニアの首都であるスコピエは、1963年の大地震で壊滅的な打撃を受けたが、丹下健三の基本構想に基づいて再建された。

豆知識 ショパン国際ピアノコンクールが、5年ごとにワルシャワ・フィルハーモニーで開かれている。フレデリック・ショパンは、フランス人の父とポーランド人の母とのあいだに、ワルシャワから西に46キロメートルの地点にあるジェラゾヴァ・ヴォラ村で生まれた。

19 モスクワ（ロシア連邦）

クレムリンと赤の広場

◉現地での呼称
モスクワ

◉人口
1268万人

ロシア中心部はモンゴル支配時代も、地元勢力を通しての間接支配だったが、バルト海の沿岸ではドイツ騎士団が植民しロシアへの進出をねらっていたのを、アレクサンドル・ネフスキーが、モンゴルの支援を受けて撃退し、その功績で、子孫はモスクワ大公になった。

モスクワは、ボルガ川支流の河港都市で、モンゴル支配の中心地アストラハンからも便利で、経済的にも軍事的にも要地だった。そして、コンスタンティノープル陥落から間もない1480年に、イワン3世が東ローマ帝国最後の皇帝の姪《めい》を妃に迎えて、「ツァーリにして専制君主」と称し、キプチャク汗国から独立を宣言した。

イワン3世の孫がイワン4世（雷帝）で、カザン汗国を滅ぼし（1552年）、それを記念して、赤の広場にネギ坊主型の屋根の聖ワシリイ大聖堂を建てた。その後、直系の王統が絶えたので、イワン4世の妃の実家であるロマノフ家がツァーリとなり、

モスクワ中心部

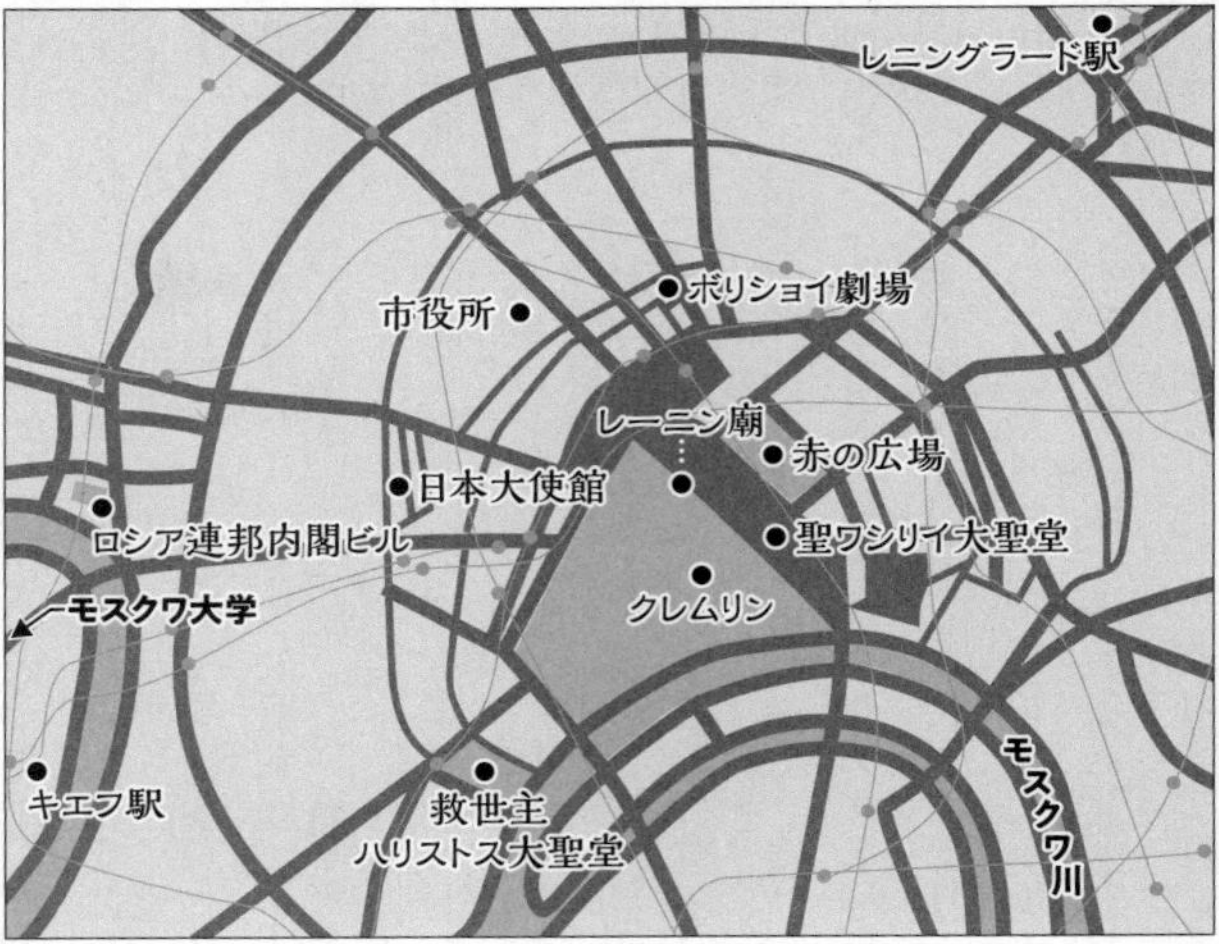

ロシア革命まで続いた。

このあと、ピョートル大帝（在位：1682〜1725年）がサンクトペテルブルクに遷都するが、遷都後もモスクワは副都として繁栄を続け、歴代ツァーリの戴冠式はクレムリンのウスペンスキー大聖堂で行われた。ここはナポレオン戦争で占領され、原因不明だが大火で焼けてしまった。ロシア革命ののち、国防上の観点から、レーニンはモスクワに遷都し、それ以来、ソ連、ロシアの首都として栄えている。

モスクワの都市構造は、権力の

中心であるクレムリンから放射線状に延びる幹線道路と環状道路からなっている。市の外縁部をなし、半径20キロメートルほどである。クレムリンの東正面には赤の広場があり、広場周辺にはグム百貨店や聖ワシリイ大聖堂、レーニン廟がある。ロシア正教の中心である救世主ハリストス大聖堂は、ソ連によって破壊されたが2000年に再建された。

日本大使館は西側、北西に延びる盛り場のトベルスカヤ通りは北西、バレエで知られるボリショイ劇場は北側だ。主たる駅は北側で、シェレメチェボ空港は北西にある。モスクワ川、ボルガ川などを伝い白海、バルト海、カスピ海、アゾフ海、黒海と行き来できる。防空壕《ごう》を兼ねた地下鉄は地下宮殿といわれる豪華さだ。

ロシアではピョートル大帝が大活躍し、スウェーデンとの北方戦争に勝って念願の海洋進出をバルト海方面で果たし、サンクトペテルブルクを建設して遷都した。

ついで、ドイツ貴族の娘である女帝エカテリーナ2世は、夫のピョートル3世があまりに頼りないので擁立された。哲学者ボルテールの友人で典型的な啓蒙君主であり、私生活では多くの愛人を持ち、孫から「玉座の上の娼婦」などと言われたが、サンクトペテルブルクの町を近代化し、クリミア汗国を滅ぼして黒海へ進出を果たした。

サンクトペテルブルクは18世紀風の様式で統一感のある建築で美しく飾り立てられ、比類なき景観を手に入れた。エルミタージュ美術館、血の上の救世主教会、聖イサアク大聖堂、ネフスキー大通り、ドストエフスキーの家、ペトロパブロフスク要塞、郊外のエカテリーナ宮殿、夏の離宮等が知られる。

モスクワに遷都される以前に、ロシア風にペトログラードと改称されていたが、さらにレニングラードと改称。第二次世界大戦では壮烈な包囲戦を耐え抜いたが、そのときに作曲され初演されたのが、ショスタコーヴィチの壮大な「レニングラード交響曲」だ。

ソ連崩壊後、サンクトペテルブルクに戻したのは、ペトログラードの名には革命のイメージが強いためだ。ただし、州の名はレニングラード州のままである。プーチンの出身地であるので優遇され、憲法裁判所が移転してきた。

豆知識 デコレーション・ケーキのようなスターリン・ゴシック様式の7棟の高層建築群があって、セブンシスターズと呼ばれている。とくに有名なのは、モスクワ大学本館である。21世紀になって、高さ264メートルで同様の様式の「トライアンフ・パレス」というマンションが建った。ワルシャワの文化科学宮殿も同じ様式。

20 前衛建築の展覧会のような未来都市

ヌルスルタン（カザフスタン共和国）&旧ソ連

◉現地での呼称
ヌルスルタン

◉人口
105万人

ロシアという名前はバイキングのルーシたちが語源だ。ノルマン人のリューリクが、バルト海から少し内陸に入ったノブゴロドという商業都市のスラブ人たちから頼まれて用心棒を兼ねた王となったのが国家の始まりで、彼らの部族名が語源である。

当時、地中海貿易が衰えていたので、ドニエプル川水系を使いバルト海から黒海を結ぶ交易路が栄えていた。ルーシたちはこれを南下し、キエフを本拠にした。ここで、ウラディーミルがキリスト教に改宗して、東ローマ皇帝バシレイオス2世の妹アンナを妃にしてキエフ大公となった（988年）。

キエフ大公国は、分割相続と、十字軍遠征で地中海貿易が活発化したことで衰退したのち、モンゴルに蹂躙《じゅうりん》され、キプチャク汗国（ジョチ・ウルス）がカスピ海に流れ込むボルガ川下流のアストラハン付近に建てられた（1243年）。

モンゴルからの解放をポーランドの援助で実現したが、のちにロシアに併合された。

カザフスタンの首都ヌルスルタン

こうした歴史から、ウクライナはロシアに対して本家意識があり、ポーランドには親近感がある。首都はキエフ。ドニエプル川に面した美しい歴史都市で聖ソフィア大聖堂などがある。

旧ソ連を構成していた国のうち、世界第9位の面積で旧核実験場やバイコヌールの宇宙基地で知られるのがカザフスタン。ロシア革命後の首都はクズロルダだったが、1927年に天山山脈を望む美しいアルマアタ（カザフ語ではアルマトイ）に遷都。

さらに、1997年に黒川紀章が設計した北部のヌルスルタン（アスタナを改称。その前はアクモラ）に移った。ヌルスルタンは国際的な知名度も高い初代大統領ナザルバエフのファーストネーム。北部はロシア系住民が多いので、カザフ人を移住させるための遷都といわれる。前衛的な建築の展覧会として知る人ぞ知る存在。

ウズベキスタンでもっとも有名な都市は、ティムール帝国の首都だったサマルカンド。青いタイルで彩られた中央アジアでも人気最高の世界遺産都市である。首都はタシケントで、古代中国でも現地名を音訳して「石国」として知られた。ロシア帝国のトルキスタン総督府が置かれ、革命後は交通の便がよいことから首都とされた。

トルクメニスタンのアシガバットも、初代大統領ニヤゾフが白い大理石を惜しみなくつぎ込んで建設した首都。永世中立を記念したニュートラリティ・アーチの頂上には金メッキの像が24時間回転し続ける。パルティアという国は、中国では「安息」と呼ばれていた。セレウコス朝の退潮からササン朝が興隆するまで支配した国だが、その最初の都が近郊のニサにあって世界遺産になっている。

バルト三国のうち、エストニアはフィンランド人と同系で、首都タリンはデンマーク人の都市という意味。13世紀の大聖堂などデンマークの風景に似ている。

リトアニアでは、1920年にビリニュスがポーランドに併合されたので、カウナスが正式に首都となった。杉原千畝《ちうね》によるユダヤ人への「命のビザ」の逸話はこのころだが、戦後、ビリニュスが首都になった。

ラトビアの首都リガは、ロシアの重要な港町として栄え、アールヌーボー建築に見るべきものが多い。

カフカス地方の三国のうち、ジョージア（ロシア語でグルジア。現地語ではサカルトベロ）の首都トビリシは、4世紀のナリカラ要塞の城下町的な坂の町である。

アゼルバイジャンの首都バクーはカスピ海に面して、古代から石油や天然ガスが噴出しており、拝火教といわれるゾロアスター教が盛んだった。近代的な石油産業はここで確立された。炎の形をしたフレームタワーなど前衛建築が並ぶ。

世界最古のキリスト教国だったアルメニア（現地ではハヤスタン）の自慢はノアの箱舟が漂着したアララト山。首都エレバンから眺められるが山そのものはトルコ領。

グルメ　ロシア料理は家庭料理が主で、トマトやビーツを肉と一緒に煮込みサワークリームを入れるボルシチはその代表。ビーフストロガノフはシベリア開発に功績があった富豪の家で発明された。ガルショークは壺に入ったビーフシチューにパン生地で蓋《ふた》をして焼いたもの。フランスに伝わってパイを被《かぶ》せるようになった。キャビアはカスピ海のものがベストだ。ジャムを入れるロシア紅茶、ウォツカもよく知られている。

COLUMN 03

皇居を移さないと「都」とはいえないのか

「国会等の移転」と日本での首都機能移転はいわれる。「等」には政府や最高裁判所が含まれる。それでは、皇居はどうするのか。

皇居が当然のこととしては含まれなかったのは、ひとつには、陛下の住む場所を国会や政府が決めるべきでないという意見があったからだ。しかし、かつて河野一郎が浜名湖遷都論を唱えたときは、「高齢の陛下に気候のいいところに移ってもらいたい」と言って誰もその論理には反対しなかったのだから、東京から政府が離れることを邪魔するための議論だった。

もうひとつは、首都機能移転への反対を和らげるためには、少なくとも皇居の同時移転は避けたほうが無難だという配慮もあった。

世界をみると、かつてのラオスのように、王都はルアンプラバン、政府はビエンチャンといった例もあったし、江戸時代の日本もそうだったともいえる。

しかし、現実的にいえば、皇族が1カ所に集まる必要もなく、むしろ、セキュリティ上は分散していて欲しい。いまでも京都御所は元御所でなく現役の御所である。陛下が那須の御用邸におられることは多いし、それが関東以外の場所でも構わない。

マレーシアでは新行政首都プトラジャヤに国王は引っ越していないが、離宮のようなものはある。そもそも、日本の皇室行事はもっと京都も含めた東京以外の場所でしてよいのである。

また、「都」という字が皇室と切り離せないという指摘は、大阪都構想のときもあったが、そもそも、都という漢字は帝都に限った意味でなく都市の意味もある。

また、東京都の都は英語ではメトロポリタンであって、アメリカではニューヨークをむしろ指す言葉だ。もともと、京都や大阪と同じ府だったのを東京市と一体化するために改称しただけで、帝都であるから区別したのではない。

それから、首都という言葉は、近代以前には使われたことがないのだから、首都機能移転後も東京の固有名詞にしてもいい。近畿の「畿」や「みやこ」が今でも京都を指すのと同じだ。

第3章 中東・アフリカ

Middle East Africa

21 アンカラ（トルコ共和国）

トルコ人の故郷は中国だった

◉現地での呼称
アンカラ

◉人口
564万人

オスマン帝国を建てたテュルク語族は、日本語に似た文法を持つアルタイ語族のひとつで、モンゴル北部周辺あたりがルーツである。匈奴《きょうど》もテュルク族だと彼らはいっているが、隋唐の時代に全盛を誇った突厥《とっけつ》がテュルク系の代表格だ。

トルコ共和国では、552年の突厥帝国樹立をもってトルコの建国ととらえて、1952年には建国1400年祭が祝われた。583年に隋の圧迫で東西に分裂し、東突厥は唐の建国に協力し、書き言葉としてのテュルク語が生まれた。

その後、西突厥やウイグルはシルクロードに沿って西に移動し、トルキスタン（中央アジアの旧ソ連諸国と中国の新疆《しんきょう》ウイグル自治区の総称）が成立した。書き言葉を持っていたので、多くの民族を吸収していったのである。

セルジューク朝は、アラル海東方のジャンド（現カザフスタン）でイスラム教に改宗し、1038年にニーシャープール（イラン東北部）に入城し、これをもって建国

オスマン帝国の発展と首都の推移

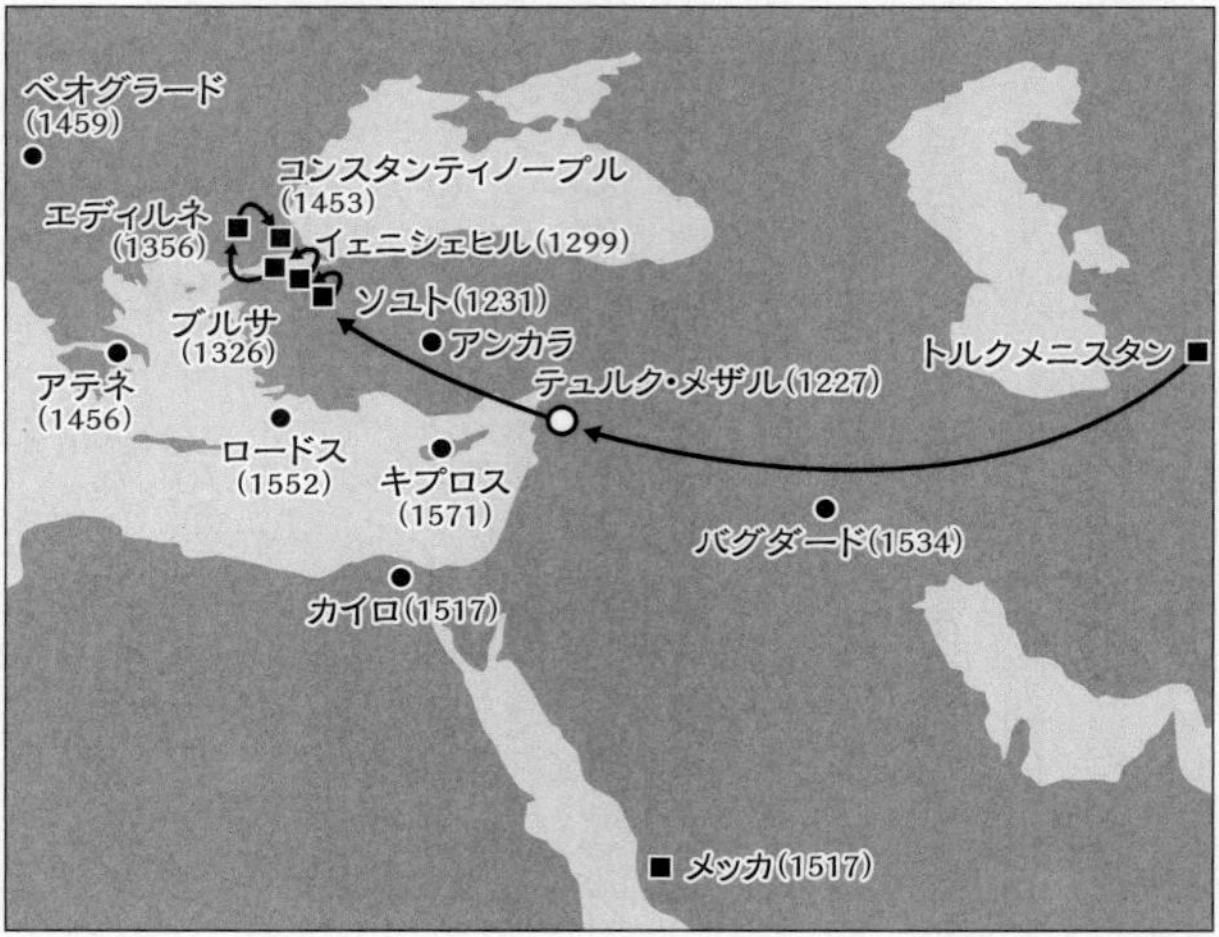

とする。アッバース朝のカリフからスルタンの称号を得て（１０５８年）、聖地エルサレムまで支配したために十字軍の遠征を受けた。

セルジューク朝のもとでは多くの地方政権が勢力を持ったが、オスマン家は中央アジアからモンゴルを避けて西に移り、アナトリア西北部に割拠した。オスマン１世は、１２９９年にベイ（君侯）として自立、これを建国とする。首都をブルサ、アドリアノープル（エディルネ）と移しスルタンを称し、コンスタンティノープルを陥落させて東ローマ帝国を滅ぼした（１４５３年）。

黒海沿岸では、キプチャク汗国から自立したクリミア汗国を属国とし、聖地の保護者でもあったエジプトのマムルーク朝を滅ぼしたが（1517年）、このときアッバース朝の末裔からカリフの称号を譲られたとしている。

こうして、オスマン帝国は、東ローマ帝国全盛期の領土をほぼ支配し、さらに、メソポタミアや北アフリカのアルジェリアあたりまでを支配下に入れ、2回にわたってウィーンを包囲したが、エジプトの自立、ハプスブルク家やロシアの勃興で領土を縮めた。また、トルコ民族優越主義とそれに反発したアラブ民族主義が台頭した。

第一次世界大戦ではドイツ・オーストリア側につき、戦争末期には、連合軍のイスタンブール占領を受けた。そこで、軍人ケマル・アタテュルクはアンカラに新政府を樹立し、スルタンを追放した。列強はトルコをアンカラ周辺の小国にしてしまおうとしたが、ケマルはエーゲ海沿岸へ進出してきたギリシャ軍を撃退し、アルメニア独立の動きを封じ込め、アンティオキア周辺をシリアから取り戻した。

イスタンブールは、かつては要害堅固だったが、近代になると、海峡に面した立地はかえって危険になった。それに対して、ローマ帝国以前から都市があったアンカラは山岳地帯の広い盆地のなかに小さな丘が多くあり、軍事的に安全な地形だった。しかも、国土の真ん中にあって、四方に睨《にら》みを利かせることが可能だった。

1923年にアンカラを首都と定める法律が可決され、1928年には都市計画の国際コンペが開かれ、ドイツ人ヘルマン・ヤンセンが首席を獲得した。改造計画ではアンカラ城を囲むように拡がる旧市街（ウルス）にはあまり手を触れず、新市街（イエニシェヒル）に官庁街や大学を整備することにした。

観光の目玉としては、町を見下ろす高台にある荘厳なアタテュルク廟、ウルスのアナトリア考古学博物館など。近年、豪華な大統領官邸が完成して話題になった。

トルコはケマル・アタテュルク以来、非宗教国家であることを国是としてきたが、現在のエルドアン大統領はイスラム教国家化を進めている。

豆知識 スレイマン・シャー（1178～1227年）が中東に進出したとき、シリア側のユーフラテス川で溺死した。その地はテュルク・メザル（トルコの墓）と呼ばれトルコの飛び地になっている。その子のエルトゥールル（1198～1281年）は傭兵として活躍し、トルコ北西部のソユトを領地として獲得し、その息子オスマン1世（スレイマンの孫／1258～1326年）がイェニシェヒルを占領した。

22 バグダード（ウマイヤ朝サラセン帝国&イラク）

アラビアンナイトの舞台

◉現地での呼称
バグダード

◉人口
714万人

世界最古の文明といえばメソポタミア（ふたつの大河に挟まれた土地を意味する）文明である。世界四大文明というが、メソポタミアのイラク南部に栄えたシュメール文明は、紀元前4200年あたりから始まっており、他の文明よりだいぶ古い。

イラクの首都であるバグダードでは、チグリス川が市内を貫通しているが、ここから90キロメートル南東のところに古代都市バビロンがある。紀元前1800年ごろのハンムラビ王は、最古の法典を制定したことで有名である。

アッシリア（イラク北部）の支配下に置かれたのち、紀元前7世紀には、新バビロニアが栄えた。ベルリンのペルガモン博物館に再現されているイシュタル門とか、空中庭園、それにおそらく伝説のバベルの塔もこの時代のものだ。

紀元前586年にはネブカドネザル2世によってユダヤ人が強制移住させられた「バビロン捕囚」が始まり、それは、アケメネス朝ペルシャのキュロス2世が新バビ

メソポタミア地方の古今

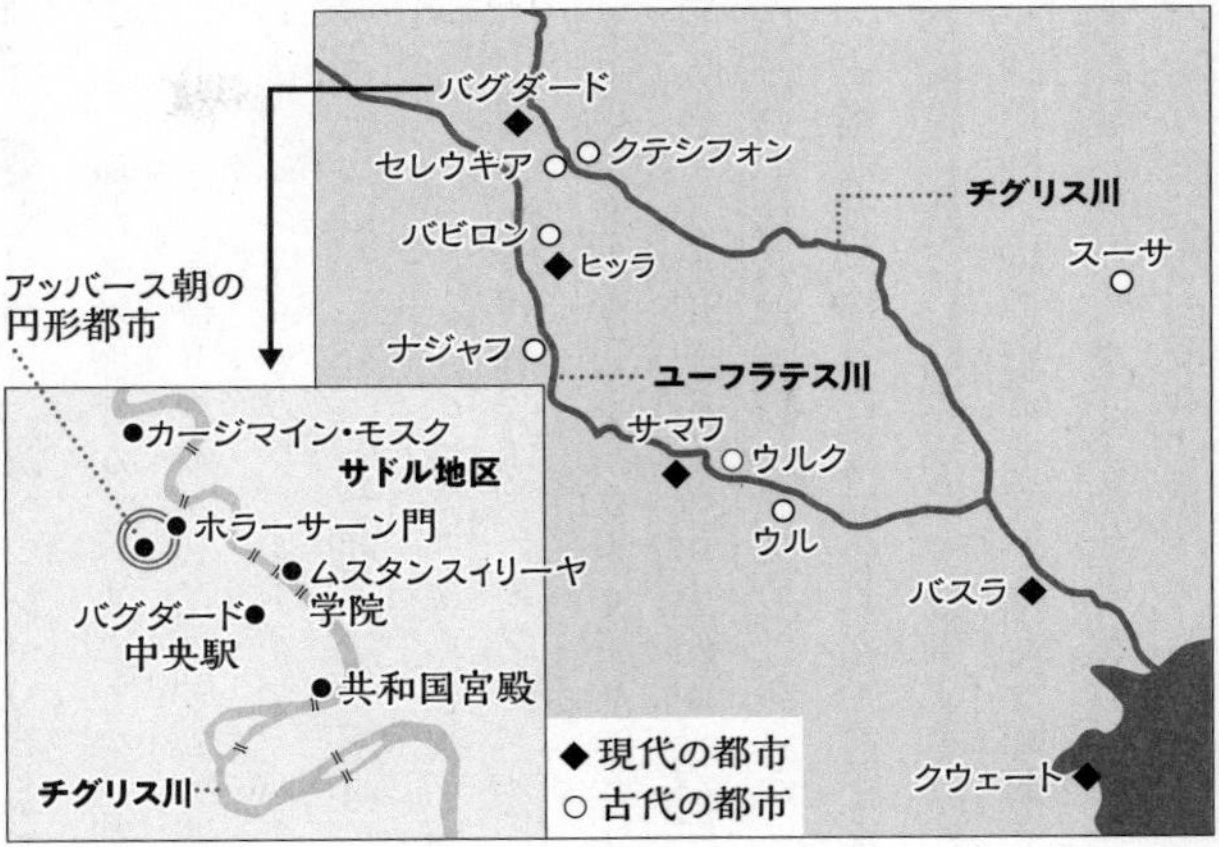

ロニアを滅ぼすまで続いた。いまは、対立するイランとイスラエルだが、旧約聖書ではキュロス2世はユダヤの民を解放した英雄として描かれている。

ペルシャ帝国のもとでもバビロンは栄えたし、アレクサンドロス大王はここを首都としたのだが、当地で病死した。その死後、西アジアを領域とする帝国を建国した配下の将軍セレウコスは、セレウキアという都をバグダードの南35キロメートルのところに建設したが、まもなくトルコ南東部のアンティオキアに移った。

それでも、セレウキアとそれと一体を成す兄弟都市クテシフォンは、ローマ時代にも栄え、ササン朝ペルシャの首都となった。いまでも、イラクではイランと同じシーア派が多数派だが、ペルシャの一部だった時代も長いから当然だ。

しかし、8世紀にサラセン（イスラム）帝国の支配下に入り、762年には第2代カリフのマンスールがバグダードをアッバース朝の首都とした。チグリス川沿岸で、ユーフラテス川とも近いのが利点で、運河も張り巡らされ、要害の地だった。

ここに、円形に三重の城壁が巡らされ、南西に「クーファ門」（メッカへ）、北西に「シリア門」（シリアからコンスタンティノープルへ）、北東に「ホラーサーン門」（アフガニスタン北部からシルクロードへ）、南東に「バスラ門」（バスラからインドへ）が設けられ、中心部から直線の道路が延びていた。

家臣たちの住居は城壁の間に設けられた。日本の城でいえば二の丸、三の丸だ。そして、市場などは場外に設けられた。スークと呼ばれる市場である。各地区には囲いと門が設けられ、夜間の出入りは禁止された。

この時代は、唐や東ローマが栄えた時期であるので、世界から文明の粋が集まり、学術も発展したし、グルメ文化もおおいに発展した。

しかし、全盛期を現出させたハールーン・アッ＝ラシードの死後に、内紛が起きて、城壁は損壊し、やがて中心は東の左岸に移された。1055年にセルジューク・トルコに占領されてカリフは傀儡《かいらい》化し、1258年にはモンゴルの侵入で、カリフはカイロに逃亡、イスラム文明の中心もそちらに移った。

そののちティムールによる破壊もあって、アッバース朝の遺跡はほとんど残っていない。17世紀になると、オスマン帝国の重要都市となり、ドイツはベルリン、ビザンティウム、バグダードを結ぶ3B政策を展開しようとした。やがて、イギリスが勝手にモスル、バグダード、バスラの三州を統合してイラク五国をつくり、首都とした。

現代のバグダードの中心地域を起点にすると、アッバース朝の円形都市は北西に隣接した場所で、かつてのホラーサーン門を引き継ぐバーブ・アルワスターニーがある。シーア派のカージマイン・モスクはさらに北側。右岸にはシーア派の拠点サドル・シティもあるし、ムスタンスィリーヤ学院は1234年に建てられた煉瓦造りのマドラサ（学院）で、「世界最古の大学」といわれることもある。

グルメ バグダードの名物料理といえば、鯉《こい》を薪《まき》で焼いたものである。背開きにする。ケバブは中東共通だが、ここのはやわらかく、すぐくずれる。羊の挽肉を詰め物にしたりするものが多い。

23

テヘラン（イラン・イスラム共和国）

正倉院にも残るペルシャの栄光

◉現地での呼称
テヘラン

◉人口
903万人

世界史で最初の帝国は、ヒッタイトとかアッシリアとかいう人もいるが、本格的なものは、アケメネス朝ペルシャ（紀元前550〜紀元前330年）だ。

アケメネス朝の首都は、儀典上は発祥の地に近いペルセポリス（シラーズに近い）だったが、実務的にはイラク国境に近いスーサだった。スーサを中心に素晴らしい交通・通信網や統治システムを築き上げ、それがアレクサンドロス大王の帝国に引き継がれ、漢帝国やローマ帝国を含むあらゆる「帝国」のモデルとなった。

アケメネス朝がアレクサンドロス大王に滅ぼされたあとは、セレウコス朝、パルティア王国を経て、ササン朝（226〜651年）の時代となり、バグダード郊外のクテシフォンが首都だった。奈良の正倉院にはササン朝ペルシャの産品やそこから影響された唐の工芸品などが多く所蔵され、日本の文化に大きな影響を与えた。

ササン朝はアッバース朝サラセン帝国に滅ぼされたが、ササン朝の文化遺産はイス

イラン（ペルシャ）の首都の変遷

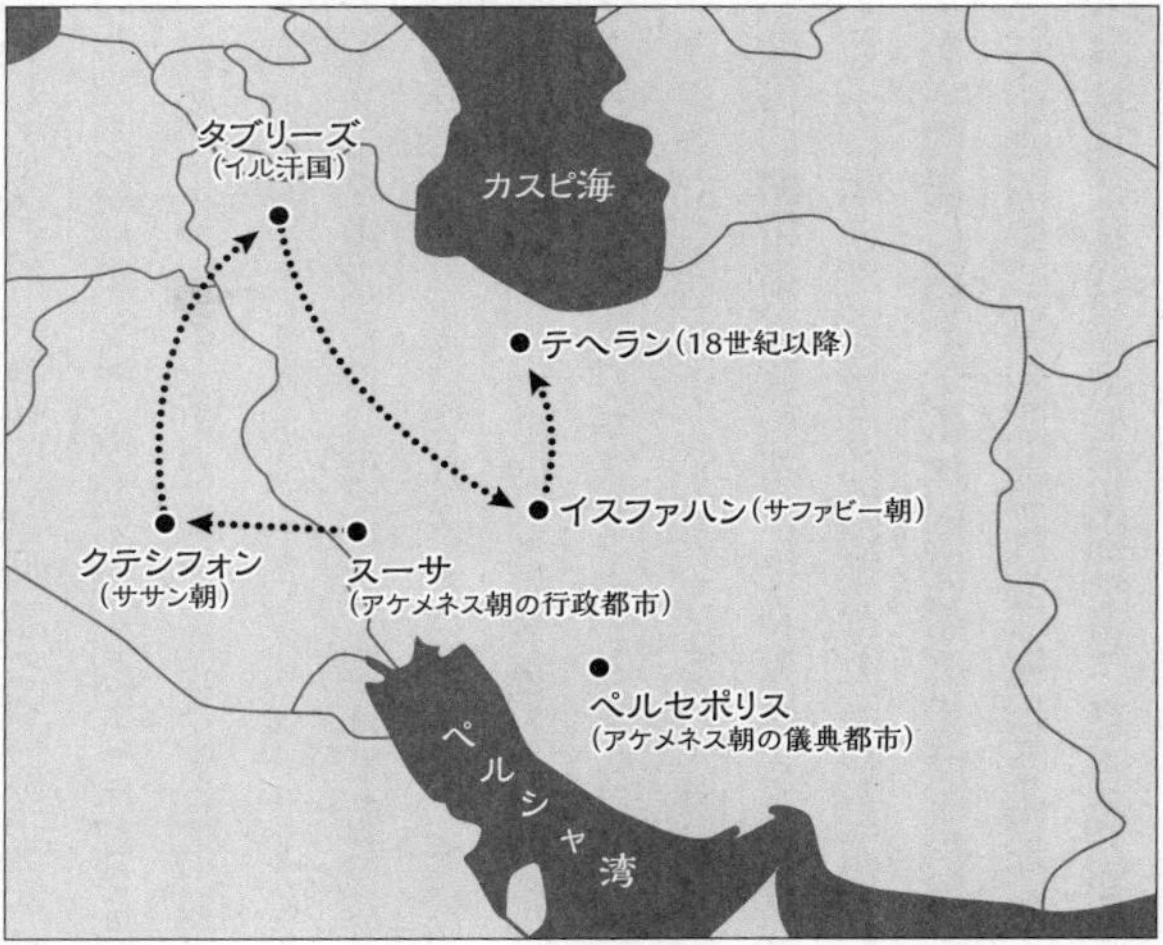

ラム社会に大きな影響を与えた。たとえば西洋料理は、もともとササン朝ペルシャの宮廷における豪華な宴席料理にルーツがあり、それが、スペインなどを通じてヨーロッパに伝わったという。また、ペルシャ人たちはアラブ世界でもインド世界でも官僚や文人として重用され、ペルシャ語も宮廷の言葉として広く活用された。

モンゴル族のイル汗国時代はイラン北西部のタブリーズ（のちに近くのソルターニーイエ）が首都。イランにおけるはじめてのシーア派王朝であるサファビー朝（１５

01〜1736年）では、中西部のイスファハンが首都になり、「世界の半分がある」といわれた。ペルシャ絨毯《じゅうたん》の中心的な産地である。

アフシャール朝は北東部のマシュハド（聖職者レザの「墓地」にちなむ）を首都としたが、18世紀後半に成立したガージャール朝が、エルブルズ山脈の麓の沖積扇状地にテヘランを建設して、現在まで首都である。

パフラビー朝（1925〜1979年）では、アーリア（高貴という意味）人の国を意味する「イラン」に国号を変更した（1935年）。現在の国名は、イラン・イスラム共和国（ジョムフーリーイェ・エスラーミーイェ・イーラーン）。

テヘランは東西に走るエンゲラーブ通り（革命前はシャー・レザー通り。城壁の跡）で南の旧市街と北の新市街に分けられる。新市街は行政機関や企業が所在し、1979年に起きた人質事件の舞台となった旧アメリカ大使館がある。北側にテヘラン大学が、西端に1971年建築のアーザーディー・タワーがある。

さらに北には、夏の離宮として使用されたサーダーバード宮殿や、トチャル山へと登る全長3200メートルのロープウェイがある。旧市街には、エマーム・ホメイニー広場や、バザール、旧城壁の南側にテヘラン中央駅、ガージャール朝で建設され王宮だったゴレスターン宮殿などがあり、庭園も見事で観光の中心となっている。

イラン国立博物館や、イラン中央銀行地下のイラン国立宝石博物館など観光名所も多く、宝石博物館には、182カラットあって世界最大のダイヤモンドのひとつであるダルヤーイェ・ヌールや孔雀《くじやく》の玉座、レザー・シャーの王冠がある。

標高1200メートル、東京とほぼ同緯度で気候もよく、とくにイスラム革命前には、駐在生活も快適だった。そのころから歌い続けられているのがテヘラン音頭で、「テヘランよいとこ一度はおいで　雪に輝くエブボロス　一山越えればカスピ海　キャビアの味が忘られぬ（中略）　薔薇の花咲く　ゴレスタン　モスクが　ブルーの空に映え　ペルシャの商人バーザール　絨毯織る手も　鮮やかに　チャドルのあの子が　忘られぬ」といった歌詞らしい。

グルメ　ペルシャ料理は、羊が主役であることなど中東料理と似ているが、いちばん大きな違いは、スパイシーでないところである。クビデ（ケバブ）、シシリク（串焼き）、ゲイメ（豆・羊肉のトマト煮込み）、ゴルメサブジ（羊の香草煮込み）、ミルザガセミ（ナスとトマトの卵とじ）、マスの焼き物など。料理にもデザートにもヨーグルトを使うものが多いが、ドゥーグという飲み物はヨーグルトに塩を入れたもの。

24

カイロ（エジプト・アラブ共和国）

ピラミッドの時代からの首都圏

◉現地での呼称
アルカーヒラ

◉人口
929万人

エジプト文明は、メソポタミア文明より少し遅れて誕生したが、統一国家の誕生はむしろ早かった。メソポタミアでは都市国家が離合集散を繰り返し、異民族の侵入も多かったが、エジプトは、紀元前3100年ごろから統一国家が成立した。

ナイル川の細長い渓谷に人が住み、東西は砂漠、南は急流の難所が続き、北は地中海。北東もスエズ地峡の狭い範囲だけ守ればいい。しかもナイル川の治水については、上下流での協力が不可欠で、争っているどころではなかったのである。

エジプトは、ギリシャ人がアイギュプトスと呼んだのが起源。ピラミッド建設のころ（紀元前2500年）都だったメンフィス（カイロ南郊）の別名フウト・カア・プタハに由来する。古代エジプトでは、赤い砂漠に対する黒い土の国ということでケメトとか、上下エジプトという二つの国からなっているというので、タ・ウイと呼んだりしていた。現代のアラビア語ではミスルと呼び、「軍営都市」という意味である。

エジプトの新首都予定地

ツタンカーメン王（紀元前14世紀）の新王国時代になると、上流のテーベが都となった。その周辺にあるのが、宗教都市ルクソールやツタンカーメン王の墓などがある「王家の谷」である。さらに上流に行くとアブシンベルの神殿もある。

古代エジプトは、紀元前4世紀にアケメネス朝ペルシャ帝国に滅ぼされたが、やがて、アレクサンドロス大王の侵攻を受け、その死後は、その部下の将軍プトレマイオスの子孫が支配し、最後の女王がクレオパトラである。

当時の首都アレキサンドリアは、アラブ語では訛って、アル・イスカンダリーヤ（文語）とかエスケンデレイヤ（口語）。アレキサンドリアはローマ時代にも引き続きエジプトの中心だったが、イスラムによる征服後は、スエズ地峡より東への交通が便利で、要害の地でもあるというので、メンフィスの近郊に位置するカイロが中心都市となった。アラビア語では「勝利者」を意味するカーヒラである。

イスラム帝国がエジプトに侵入したときに首都としたのは、カイロ南郊のフスタート地区で、アムル・イブン・アル＝アース・モスクはアフリカで最古のモスク。9世紀後半に成立したトゥルーン朝は、少し北にイブン・トゥルーン・モスクを建設した。

チュニジアに興ったシーア派（イスマーイール派）のファーティマ朝は、969年にエジプトを征服しフスタートの3キロメートル北に、カイロを建設し都とした。しかし、12世紀から始まった十字軍の侵攻に対してファーティマ朝は軟弱だったので、1169年にはサラディンがアイユーブ朝を樹立して支配下に置いた。

カイロはそれに続くマムルーク朝のもとでさらに繁栄し、1258年にはモンゴルにバグダードを追われたアッバース朝のカリフもカイロにやってきたので、イスラム圏の中心都市としての地位を確立し学術活動が盛んに行われた。

しかし、1516年にはオスマン帝国に征服され、カイロは地方中心都市に過ぎなくなったが、ナポレオンの遠征後にはアルバニア人の傭兵隊長だったムハンマド・アリーが事実上の独立を手に入れた。

フランスのスエズ運河建設への参加、ナイル川に近い地域での新市街地の造成、シタデルからアブディーン宮殿への王宮の移転、アレキサンドリアとの鉄道建設などを行ったが、財政難のためにイギリスの保護下に置かれることになった。

上記のモスクのほか、アズハル・モスクとアズハル大学はイスラム教学の最高峰。タハリール広場はアラブの春で民衆のデモで知られた。旧市街は世界遺産。

さらに、東部郊外の砂漠にヘリオポリスが建設され、ナイル河畔のゲジーラ島は高級住宅街化した。現在のシーシー政権は２０１５年、都心の東にあるカイロ国際空港のさらに東に新首都の建設を開始し、大統領府や官庁を移転する計画である。首都の移転先はカイロの東、45キロメートルほどの砂漠の真ん中で、７００平方キロメートルと東京23区以上の広さに、８００万人ほどの人口を擁する大都市が誕生する予定。

グルメ　ターメイヤは、そら豆やひよこ豆を潰《つぶ》して作ったコロッケで、ハマム・マッハシは鳩《はと》のお腹の中に、米やフェリークと呼ばれる緑小麦を入れて焼いた料理。

25 ダマスカス
世界最古の首都と聖パウロ
（ウマイヤ朝サラセン帝国＆シリア共和国）

◉現地での呼称
ディマシュク（アル・シャーム）

◉人口
569万人

アラブ世界全体を束ねる国ができたら、首都にはシリアのダマスカスがいいと思う。聖地メッカに近く、メソポタミアからマグレブ（北アフリカ）まで拡がるアラブ世界のど真ん中だ。

ダマスカスは、世界最古の都市といわれる。紀元前10世紀にアラム人の都となってから継続的に栄えている。使徒パウロが復活したイエス・キリストに出会ったのもダマスカスへの道だ。

7世紀には、メディナに代わって、ウマイヤ朝イスラム（サラセン）帝国の首都となった。市内のウマイヤード・モスクはメディナやエルサレムのものと並んで世界最古のモスクのひとつである。

ダマスカスは、十字軍へのレジスタンスの拠点としても格別の意味がある。最初の十字軍が建てた国に、エルサレム王国、エデッサ伯国、アンティオキア公国、トリポ

ダマスカス

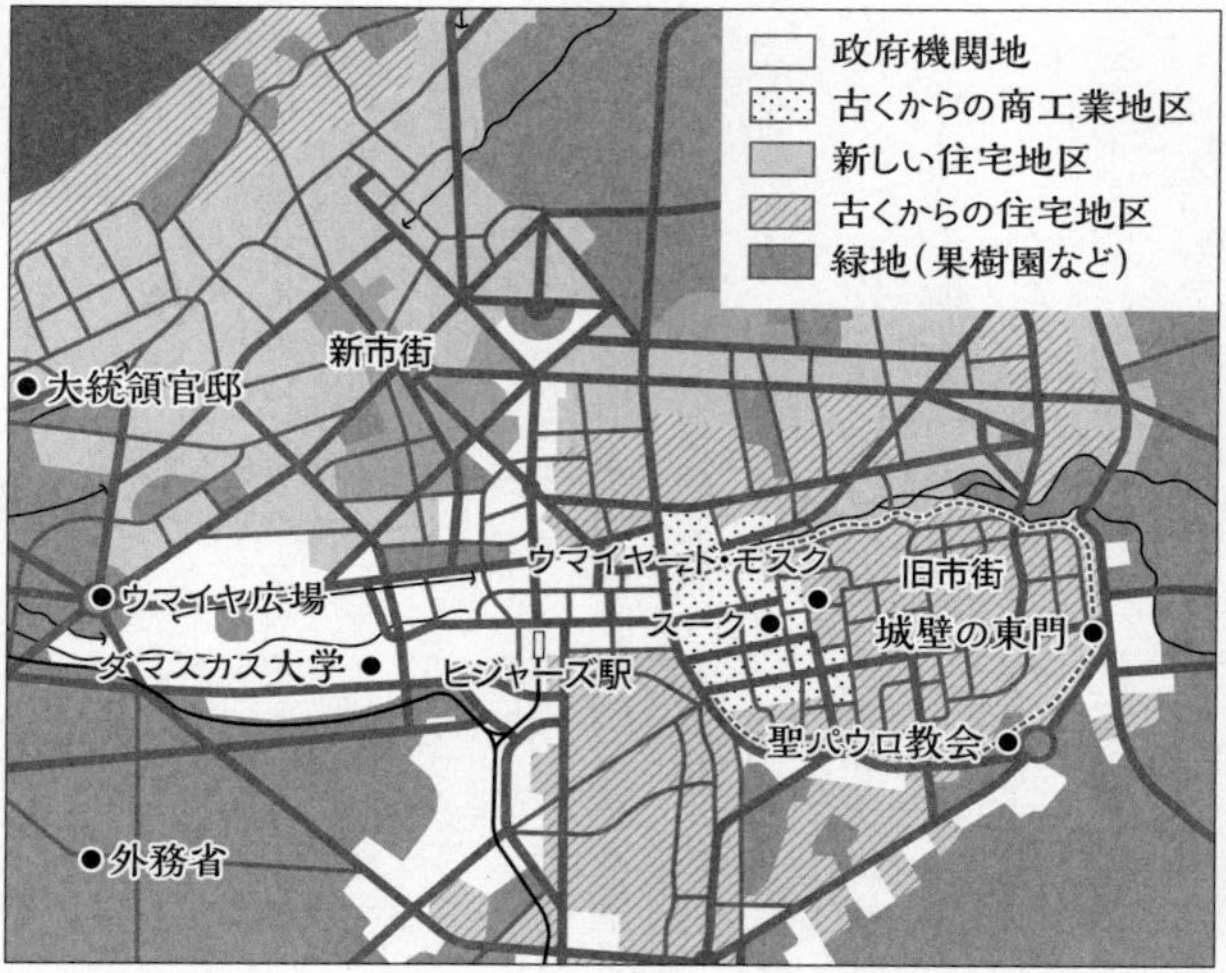

リ伯国があるが、最初にエデッサ伯国を倒したのがザンギー朝で、ザンギー朝から出て自立したクルド人サラディンがエルサレム王国を倒した。

　サラディンは捕虜も寛大に扱い、キリスト教徒からも尊敬された。ドイツ皇帝ウィルヘルム2世がダマスカスにあるサラディン廟に詣でて新しい棺《ひつぎ》を寄付し、「ドイツは3億人イスラム教徒の友」と演説をしたこともある。

　現在のシリア、レバノン、イスラエル（とパレスティナ）、ヨルダンはレバント地方とか歴史的シリアとか総称される。第一次世界大戦では、ドイツに後押しされたオスマン帝国のアラブ世界支配にくさびを打ち込むために、英仏露が、サイクス＝ピコ協定を結び、大戦後に、メッカの太守でヒジャーズ国王になったフサイン・イブン・アリーの三男ファイサル1世が、ダマスカスを首都とするシリア・アラブ王国を創立した。

しかし、支持が集まらず、ファイサルはイラク国王に、兄のアブドラ1世がヨルダン国王になる一方、この地方の北部はフランスが支配した。現在のシリアでは、多数派はスンニー派だが、アサド大統領は、シーア派の分派のアラウィー派で、イランやレバノンのヒズボラとの関係が強い。キリスト教徒も多く、シリア正教会、東方正教会、マロン派、ネストリウス派など見本市状態だ。

ダマスカスは、旧約聖書でカインがアベルを殺した事件の現場といわれる血の洞窟があるカシオン山の南東にある。13世紀の城壁が残り、パウロの改宗に登場する「直線」と呼ばれる街路が残っているし、東門にローマ時代の痕跡がある。別の門のひとつは、パウロが籠《かご》に隠れて脱出した伝説の場所で、聖パウロ教会が建っている。

ヒジャーズ駅はドイツの援助で建設されたメディナへ向かう鉄道の始点である。ヒジャーズ鉄道のアラビア部分は映画でも登場するように、ロレンスにより爆破されたが、シリア部分は一部健在だ。大統領官邸は西の郊外にある。

アレッポは十字軍時代にイスラムの拠点となった要塞都市で、城門が見事。アンティオキアはセレウコス朝の首都であり、ローマ帝国3番目の都市だった。が、526年の大地震で壊滅し、めぼしい古代遺跡は残っていない。

フランスはキリスト教徒が多い海岸地域をレバノンとして分離した。古代にアラビア数字を発明したフェニキアがあったところだ。三角形の半島に発展したベイルートは「中東のパリ」といわれたフランス風の瀟洒《しょうしゃ》な港町である。アラブ世界の別天地で、中東ビジネスの拠点だったが戦乱で荒廃している。日本の司法制度から脱出したカルロス・ゴーンが逃げ込んでいるのもここだ。

キリスト教徒が半分いるので開放的で酒も飲めると人気だったが、シリアとイスラエルを巻き込んだ戦乱で荒れて、多くの市民がフランスに移住してしまった。

グルメ　移民たちが経営するレバノン料理屋はパリでも人気で、ラム肉の赤ワイン煮込みである「ムサカ」、「ブルグア」というひよこ豆のサラダ、パセリとトマトのサラダ「タブーリ」、ひよこ豆を潰して揚げた「ファラフェル」など洗練された中東料理である。ヌガーなどスイーツも人気だ。

26 リヤド&メッカ

聖地の守護者とは

（サウジアラビア王国）

◉現地での呼称
リヤド

◉人口
768万人

ムハンマドが生まれたころの中東では、東ローマ帝国とササン朝ペルシャの争いで、ペルシャ湾を通る東西通商路は危険となり、シリアからメッカを通ってイエメンへ向かう通商路が栄えた。ところが、貧富の差の拡大、拝金主義、生活態度の乱れが目立ったので、エルサレムに行商に行ってキリスト教やユダヤ教の影響を受けたムハンマドが、「最後の審判に備えて生活や行いを反省せよ」という運動を始めた。

しかし、多神教のカアバ神殿があるメッカでは不人気だったので、近隣のメディナに移って（622年）、ここを本拠にアラビア半島全域に進出した。その後、ムハンマドの娘婿アリーとメッカの有力者だったムアーウィヤが争ったが、ムアーウィヤが勝利して、ウマイヤ朝が成立してダマスカスが首都になった。

アッバース朝の時代には、バグダードを首都にしたが、13世紀のモンゴル侵攻で、イスラム世界第一の繁栄を誇っていたエジプトに移った。その後、オスマン帝国がエ

メッカのカアバ神殿と高層ビル群

ジプトも支配したのでカリフは廃止され、イスタンブールがイスラムの中心になり、スルタンは聖地の守護者ともなった。

だが、第一次世界大戦のころになると、アラブ民族主義が興り、そのリーダーとして台頭したのが、ムハンマドの子孫を称するメッカのハーシム家で、それを支援したのが英国人であるアラビアのロレンスである。

しかし、半島中央部のナジド地方から、厳格なイスラム主義を奉じるワッハーブ派のサウード家が台頭し、1744年にワッハーブ派の祖であるムハンマド・イブン・アブドゥル＝ワッハーブを庇護《ひご》して、その支援者として勢力を伸ばしていた。

1818年にエジプト軍の侵攻を受けリヤドに移り、19世紀前半に第二次サウード王国が建国されるが、イブン・ラシード家に攻められてクウェートへ亡命した。1902年、アブドゥル＝アジーズ（サウジアラビア王国初代国王）はマスマク城にいたラシード家の総督アジュラーンを殺害、リヤド奪回に成功し、第三次サウード王国を興した。メッカを含む西部のヒジャーズなども支配下に収め、1932年に国名を「サウジアラビア王国」と改めた。

リヤドは「庭園」という意味で、アラビア半島にしては土壌が肥沃で樹木も多いところである。王宮は市街地の西の端にあって、国会にあたる評議会もここにある。ベルサイユ宮のような別世界だ。

キングダムセンターは栓抜きの形をした高層ビル。マスマク城は初代国王武勇伝の舞台。1938年にムラッバ宮殿に移るまで王宮だった。1999年に開館したサウジアラビア国立博物館は評判が良い。アラビアの先史時代からの歴史、文化、芸術を最新の技術で展示している。サウジアラビアは観光客受け入れに踏み切ったというからこれからが楽しみだ。37メートルもの高さのサウジアラビアの国旗がシンボルになっているキングアブドラパークは市民に愛されている。

メッカの中心部には、400万人の参拝者を収容するマスジド・アル・ハラームがあり、その中央には、金のカリグラフィーが施された黒い絹の布で覆われた四角いカアバ神殿があって、タワーフ（カアバを7周すること）などを信者たちは行う。最近、大規模な都市開発が進んで、ビン・ラディン・グループが、アブラージュ・アル・ベイト・タワーズという超高層ビル群をカアバ神殿に隣接して建設。巨大な時計台が印象的だ。また、メッカと港町ジッダを40分、ジッダとメディナを2時間で結ぶハラマイン高速鉄道が開通した。この鉄道はスペインの協力で建設されたが、その過程でスペインのファン・カルロス前国王に贈賄が行われたと問題になっている。

メディナのクバー・モスクは預言者が礎石を置いたイスラム最古のモスク。その北に位置する都心には壮大な「預言者のモスク」がありムハマンドの霊廟も置かれている。メッカにある「2つの聖なるモスクの博物館」では、マスジド・アル・ハラームと預言者のモスクの建築の充実した解説を見ることができるという。

豆知識 G20が2019年に大阪で開かれたが、その参加国のなかでイスラム教国はどこか、言える人は少ないのではないだろうか。答えはサウジアラビア、トルコ、インドネシアである。

27 エルサレム（イスラエル＆パレスティナ）

十字軍がめざした世界の中心

◉現地での呼称
イェルサレム(アルシャラム)

◉人口
87万人

ユダヤ人は民族としての呼び名で、国民としてはイスラエル人で、言語はヘブライ語である。ヘブライ語は近代になって復元されたもので、イエス・キリストのころ話されていたのは、アラム語というからややこしい（のちにアラブ語がそれに取って代わった。住民が入れ替わったのではなく使う言葉が変わっただけ）。

民族は血統による人種で区分されるわけではなく、普通には言語であるが、中東では宗教である。ユダヤ人もユダヤ教徒のことである。本来は、ユダヤ人の母親から生まれるかユダヤ教に改宗した者だが、イスラエルへ移住する条件についての１９５０年の帰還法では、ユダヤ人の祖父あるいは祖母を持てばいいことになっている。

世界のユダヤ人で最大の集団は、東欧系のアシュケナジムだが、古代ユダヤ人とは血縁的つながりは認め難く、中世のどこかで、集団で改宗して形成されたものだ。

一方、ローマ帝国による迫害のあとも中東に留まったミズラヒムとか、北アフリカ

エルサレム旧市街

に多いセファルディムは、混血しているとはいえ、古代ユダヤ人と血縁関係がありそうである。また、イスラム教に改宗したユダヤ人もいるわけで、イスラエルと対立するパレスティナ人こそ、イスラエル人の平均よりは古代ユダヤ人の血を引いていそうである。

イスラエルの民たちはアブラハムとともにメソポタミアからカナ

ンの地へ移住、いっときエジプトに移ったが、モーゼに率いられて帰還し、紀元前1000年ごろにイスラエルを建国した。

イエス・キリストが生まれた時は、ヘロデ王がローマを後ろ盾に君臨していたが、やがて、ローマに対して反乱を起こしたので、エルサレムの神殿は破壊され、ユダヤ人たちはパレスティナから追放されてディアスポラ（離散）の時代に入った。

エルサレムからユダヤ人は追放され、神殿の丘にはユーピテルを祀《まつ》る神殿が建てられアエリア・カピトリナと改称された。しかし、キリスト教公認のあとコンスタンティヌス帝の母であるヘレナの参拝を機にエルサレムは名も元に戻り聖地とされ、聖墳墓教会が創立されユダヤ人も戻った。

7世紀にはイスラム化されたが、第三の聖地とされ、神殿の丘にはムハンマドが神の啓示を受けた「岩のドーム」とエル・アクサ教会が建立された。十字軍はエルサレム王国を建てたものの、やがてエルサレムから撤退したが（王国としては存続）、キリスト教徒の巡礼は認められ教会も建てられ、オスマン帝国下でも維持された。

19世紀後半からシオニズムが高まり、エルサレムに移住するユダヤ人も増えた。第一次世界大戦時に、イギリスはユダヤ国家の建国を認め、1948年にイスラエルが建国され、1967年の第三次中東戦争の結果、東エルサレムもイスラエルに事実上、併合された。

イスラエルの政府機能は海岸沿いのテルアビブにあるが、国会は西エルサレム（旧市街は東エルサレム）にあり、公式の首都はエルサレムとしている。各国大使館にエルサレムへの移転を要請しており、アメリカはトランプ時代にそれに応えた。

観光名所としては、上記の岩のドームとゴルゴタの丘に建てられた聖墳墓教会、ヘロデ王の宮殿のうちただひとつ破壊を免れた「嘆きの壁」、最後の日にキリストの歩いた道であるビア・ドロローサ、ゲッセマネ周辺からのエルサレム旧市街の眺望などがある。また、郊外のベツレヘムは、パレスティナ自治政府の管理下にあるが、キリスト聖誕教会があってカトリック、東方正教会、アルメニア正教会、コプト正教会の共同管理だ。市内にはバンクシーの壁画が描かれた場所があり人気である。

テルアビブは優れた都市計画でも知られており、「ホワイトシティ」のバウハウスとその流れをくむ建築物群が世界遺産になっている。

グルメ イスラエル料理は、中東料理の変種で、ヘルシーなイメージ。フムスはひよこ豆のペースト、ファラフェルは、潰したひよこ豆を香辛料や野菜と混ぜたコロッケ。

28 プレトリア（南アフリカ共和国）

大統領就任式はケープタウンで

◉現地での呼称
プレトリア

◉人口
247万人

高校生が使う教科書や地図帳には、南アフリカの首都はプレトリアだと書いてある。政府があるところが首都だという定義を、日本の地理学者たちが自分たちの仲間内で決めているからだが、国会はケープタウンだし、最高裁判所はブルームフォンテーンにある。大統領就任式などもケープタウンで行う。

しかし、南アフリカ最大の都市は、金鉱山で栄えたヨハネスブルグ。大きなイベントは、むしろ、こちらで行われることが多い。２０１０ＦＩＦＡワールドカップの決勝戦も、マンデラ元大統領の追悼式もここで行われた。

この変則的な状況は、イギリス人とオランダ人の対立に起因する。オランダはスペインから独立したあと海外に進出し、東インド会社を設立してインドネシアの開発などを行った。その社員だったファン・リーベックは、１６５１年に喜望峰周辺を補給基地にするという会社の方針を受けて、80名のオランダ人とともに入植した。

南アフリカの首都機能地と 2010FIFAワールドカップの会場

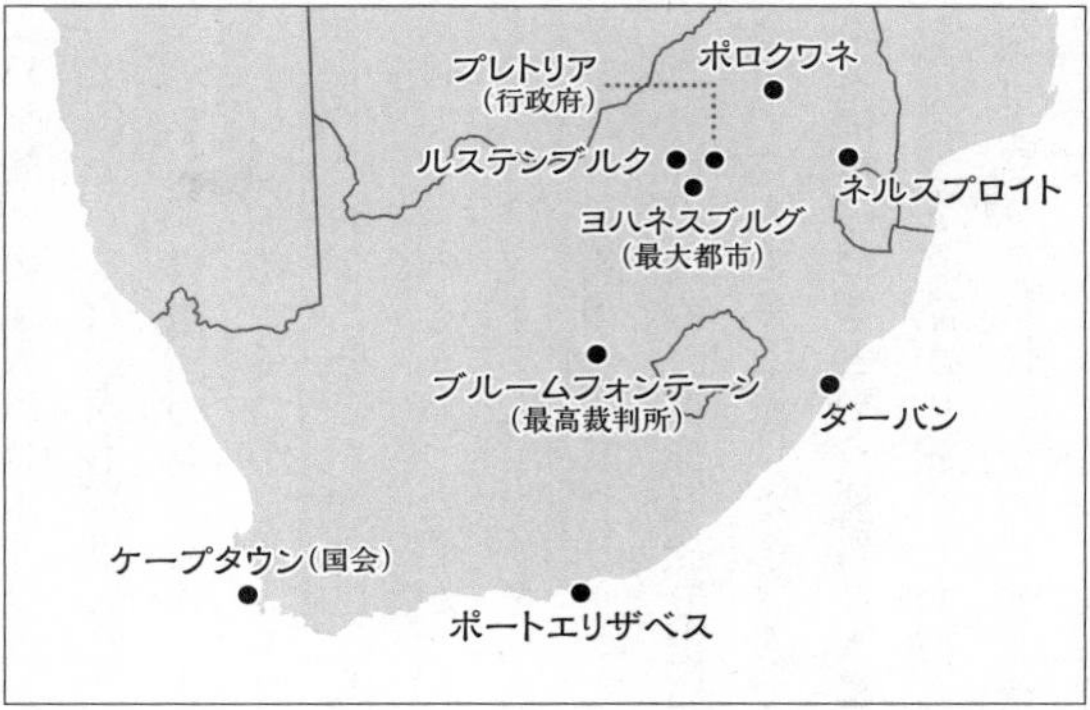

入植者の一部はやがて自立し、アフリカ各地から奴隷を連れてきて農園経営を拡大していった。フランスのルイ14世がユグノーの信仰を禁止すると、彼らの多くがオランダに亡命し、その中からケープ植民地に新天地を求める者も出てきた。

だが、この会社は、1798年に倒産したので、英国がフランスの先手を打ってケープタウンを占領し、1814年には領有を宣言した。これを嫌ったアフリカーナ(オランダ系住民。ボーア人ともいう)たちは、奥地へ移り、1850年代にオレンジ自由国(ブルームフォンテーン)やトランスバール共和国(ヨハネスブルグ周辺)を樹立した。

南アフリカ先住の黒人はコイサン人だが、北東から徐々にバントゥー系も進出し、ズールー帝国といった国家も登場した。

だが、オレンジ自由国のキンバリーでダイヤモンドが発見され（1867年）、トランスバールで金鉱が見つかると（1886年）、英国はこれらの地への攻勢をかけ、二度のボーア戦争などを経て併合し、南アフリカ連邦が成立した（1910年）。

この過程で、辣腕《らつわん》をふるったのが、ローデシアに名を残したセシル・ローズである。彼は、オックスフォード大学やイギリスの奨学金制度に多大な貢献をしているが、この植民地主義の守護神の銅像をどうするか悩ましい問題になっている。

こうした経緯のために首都機能分担になった。しかし、その後のイギリス統治にもかかわらず、白人の多数派はボーア人で、貧しい彼らは黒人と競合したので、アパルトヘイト（隔離）政策という悪質な人種隔離政策をとった。アパルトヘイトという言葉自体も、オランダ語から派生した彼らの言語から来ている。

しかし、1990年代になってデクラーク大統領が、黒人指導者のネルソン・マンデラを釈放し、黒人主体の国に生まれ変わった。

プレトリアは、標高1271メートルの高原都市で、経済の中心であるヨハネスブルグから55キロメートル離れている。ボーア人で英国支配に抵抗したアンドリース・プレトリウスに因むので、2005年に市議会はツワネに改称する決議をしたが、国際的にはプレトリアのままである。7万本の紫色のジャカランダ（南アメリカ原産）の花が町を覆い尽くす風景は、南アフリカ観光の目玉。

誰が言い出したか知らないが、世界三大花木というのがあって、ほかには、南アフリカ原産のカエンボクとマダガスカル原産のホウオウボクだそうだ。

ケープタウンは港町で、平らな山頂が約3キロメートルも続くテーブルマウンテンがシンボル。ペンギンのコロニーが広がる「ボルダーズビーチ」、アフリカ大陸南西端の地「喜望峰」も人気観光地である。市内ではカラフルな住宅が並ぶ「ボカープ地区」が世界遺産。ケープタウン沖合いにあるロベン島の刑務所から解放されたネルソン・マンデラが1990年に、最初に演説した市庁舎も歴史の舞台として知られる。

グルメ　「ボボティ」はミンチ肉をナツメグ、ターメリック、シナモンなどのスパイスを加えてアーモンドと卵の黄身をかけて焼く。「ボーアウォース」という長いソーセージのバーベキュー、そしてルイボス・ティーはアトピーなどにいいと日本でも人気。

29 アブジャ（ナイジェリア）&アフリカ諸国

植民地時代の港町から国土の中心へ

◉現地での呼称
アブジャ

◉人口
197万人

アフリカの国の首都は、ケニアのナイロビのように、酷暑を避けて高原にというケースもあるが、だいたいは海岸にある。海岸にある方が植民地の宗主国にとって便利だったのが理由だ。

しかし、最近は、国土の中心に新都市を建設するということも増えている。植民地時代の大都市は、独立してから貧しい人たちが流入してスラム化するのを防止できず、交通マヒが深刻、水道などインフラも老朽化して、造り直した方が早いということもあるし、権力者の功名心とか利権狙いもあるのかもしれない。

コートジボワールは、フランス語で象牙海岸という意味だ。旧首都のアビジャンは、フランス人がギニア湾の入江に建設した瀟洒な町で、アフリカで最高の都市としての名声を誇っている。フランス語圏の金融の中心地でもある。世界遺産になっているグラン・バッサムは、さらにそれ以前の植民地経営の中心都市だった。

ナイジェリアの首都アブジャ

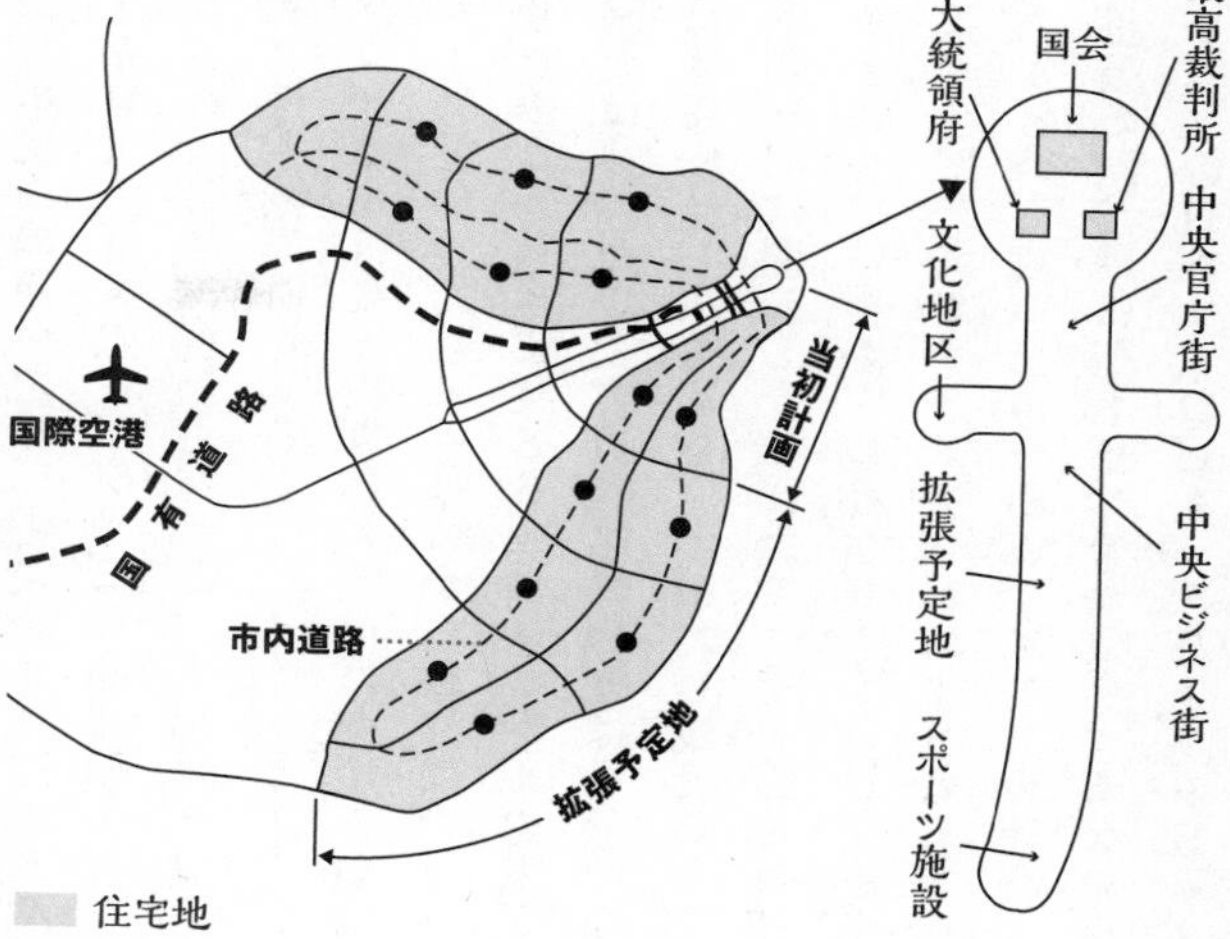

ウフェ・ボワニ元大統領はフランス本国の代議士や厚生大臣もつとめた有能な政治家で、農業重視政策の成功で現代アフリカ屈指の偉人といわれる。晩年の1983年に、アビジャンの215キロメートル北にある故郷のヤムスクロに首都を移し、サン・ピエトロ大聖堂を上回るカテドラルを建設して論議を呼んだが、実質的な機能はアビジャンのままで、新首都の人口も36万人に留まり、日本大使館も移転していない。

　アフリカで人口最大であるナイジエリアは、北隣にあるニジェールと同じ河川を語源とし、英語読みとフランス語読みの違いだけ。港湾都市ラゴスを首都としていたが、1976年に北に535キロメートルのアブジャに首都移転した。1991年ごろまでにだいたい移転が実行され、日本大使館も移った。人口は197万人。この新首都のマスタープランは、日本の丹下健三が担当した。

タンザニアは第一次世界大戦前はドイツ領で、旧都ダルエスサラームは、カールペータースといった。イギリスから独立後の1973年に内陸部の鉄道の要地でダルエスサラームから西に486キロメートルのドドマへの首都移転が決まり、1996年に国会は移ったが、実質機能の移転は十分でない。日本大使館も移っていない。

首都移転はしなくても、名前だけ変えるケースもある。コンゴはもともとベルギー王室が私的に開発した植民地で、その首都は初代ベルギー国王にちなんでレオポルドビルといっていたが、現在はキンシャサである。

エチオピアのアディスアベバは1886年にメネリク2世が遷都。標高2400メートルという高原都市である。アフリカ連合（AU）の本部所在地である。エチオピア正教の国だけに聖トリニティ教会、聖ゲオルギウス教会など見所が多い。

ケニアの首都ナイロビも、標高1795メートルの高原にあり、日本企業の支社や学校関係者も多い。アフリカの自然を楽しめる自然公園も都心からわずか8キロメートルのところにある。モンバサから内陸へ向かう鉄道の拠点として発展した。

セネガルのダカールは天然の良港。スカーフを巧みに結んで帽子にするムソール、脇の空いた貫頭衣グラン・ブゥブゥなど西アフリカ・ファッションの発信源でもある。

モロッコ最大都市カサブランカは、港湾都市で壮大なハッサン2世モスクが近年完成した。首都ラバトは北東70キロほど。フランス統治の中心ははじめ古都フェズだったが、安全保障上の理由からラバトに近代都市を建設して総督府を移し、それを踏襲している。

リビアでは王政時代は東部のトリポリと西部キレナイカ地方のベンガジと複都制だった。カダフィ大佐の政権下ではトリポリに統一されたが、現在ではベンガジがハフタル将軍の反政府勢力の拠点になって分裂状態。

グルメ　タンザニアがドイツ領だった遺産としてキリマンジャロ・コーヒーがある。ドイツ人好みに開発された香り高くすっきりしたコーヒー豆だ。知られていないが、あまり強く焙煎していない豆を、お茶に似た感覚で淹《い》れる日本式のコーヒーの楽しみ方はドイツ式で、そのこともキリマンジャロが日本で人気がある理由である。

ワシントンやブリュッセルに対する反発とトランプ旋風

アメリカにおけるトランプ旋風は「ワシントン」の文化への反発が生んだものだった。ヨーロッパ各国でもブリュッセルの官僚たちへの反発はすさまじい。

国を動かす政治家、官僚などは、首都に住み、その文化になじみ、そこの住民としての利害関係を持つ。

今の東京もそうであって、政治家は全国の選挙区から選ばれるはずなのだが、世襲議員などには東京生まれで東京育ち、極端には親が死んだので初めて地元にお目見えする人もいる。江戸時代の殿様みたいなものだ。財産だって東京にほとんどあることが多い。

参議院の比例選出議員だってほとんどが東京に生活基盤がある人だし、各種審議会の委員も8割くらい東京圏の住人。マスコミ人も東京人だ。だから、日本の諸制度や慣習は著しく東京人に有利になっている。たとえば、会議のために首都に呼び出したら、ドイツやアメリカでは国が旅費を持つが日本では呼ばれた方の負担だ。

そうした有力者だけでなく、国政は首都の住民の抗議活動などに影響されることも多く、民意の反映というポジティブな面もあるが、偏った民意の押しつけになってしまう。

あるいは、首都の都市計画などは住民の意思でなく国民の総意で決めるべきということもある。たとえば、いま都心で自衛隊が大規模なパレードができないのは、美濃部都政の負の遺産だ。が、そもそも首都住民の独断で決めるべき問題でない。

そういう観点からの理想は、首都の住民の数は最小限にして、彼らの自治権や国政への参政権を制限することだし、ワシントンでもそうしてきた。また、首都は永住したい気が起きない都市であるほうがいい。都市計画で住宅地として良い場所は、賃貸住宅だけにすればいいのである。

しかし、ワシントンでもベテラン議員のなかには、ワシントンの住民化してしまい、「ワシントンの風に染まった」と批判される人も多い。たとえば、大統領選挙に出馬したロバート・ドール議員がフランス料理が好きだということで、外交官の多いワシントンの流儀だといわれたのは一例だ。

第4章

アメリカ・オセアニア

America
Oceania

30

ワシントン（アメリカ合衆国）

選挙権を制限された首都の住民

◉現地での呼称
ワシントンD.C.

◉人口
71万人

アメリカ独立戦争中、大陸会議や連合会議は、フィラデルフィアないしその周辺で開かれたので、フィラデルフィアが首都とみなされていた。ワシントンの大統領就任式はニューヨークで行われたが、政府は1790年にはフィラデルフィアに戻った。

ワシントンという新都市が建設されたのは、そのころのヨーロッパで、大都市を避けて計画的に設計され、道路も広い宮廷都市に王宮や政府を置くことが流行っていたことに影響されたものである。

アメリカの場合には、連邦国家としての特殊事情もある。13州が平等の立場である以上は、そのうちの特定の州に首都を置くのは好ましいものではない。

さらに、アメリカでは奴隷制度を持つ南部と持たない北部の対立があり、その中間地帯に首都を置きたかったわけである。そこで、北部に属するメリーランド州と南部のバージニア州がそれぞれ土地を供出して中立地帯をつくり、ここに首都を置くこと

アメリカの首都ワシントン,D.C.

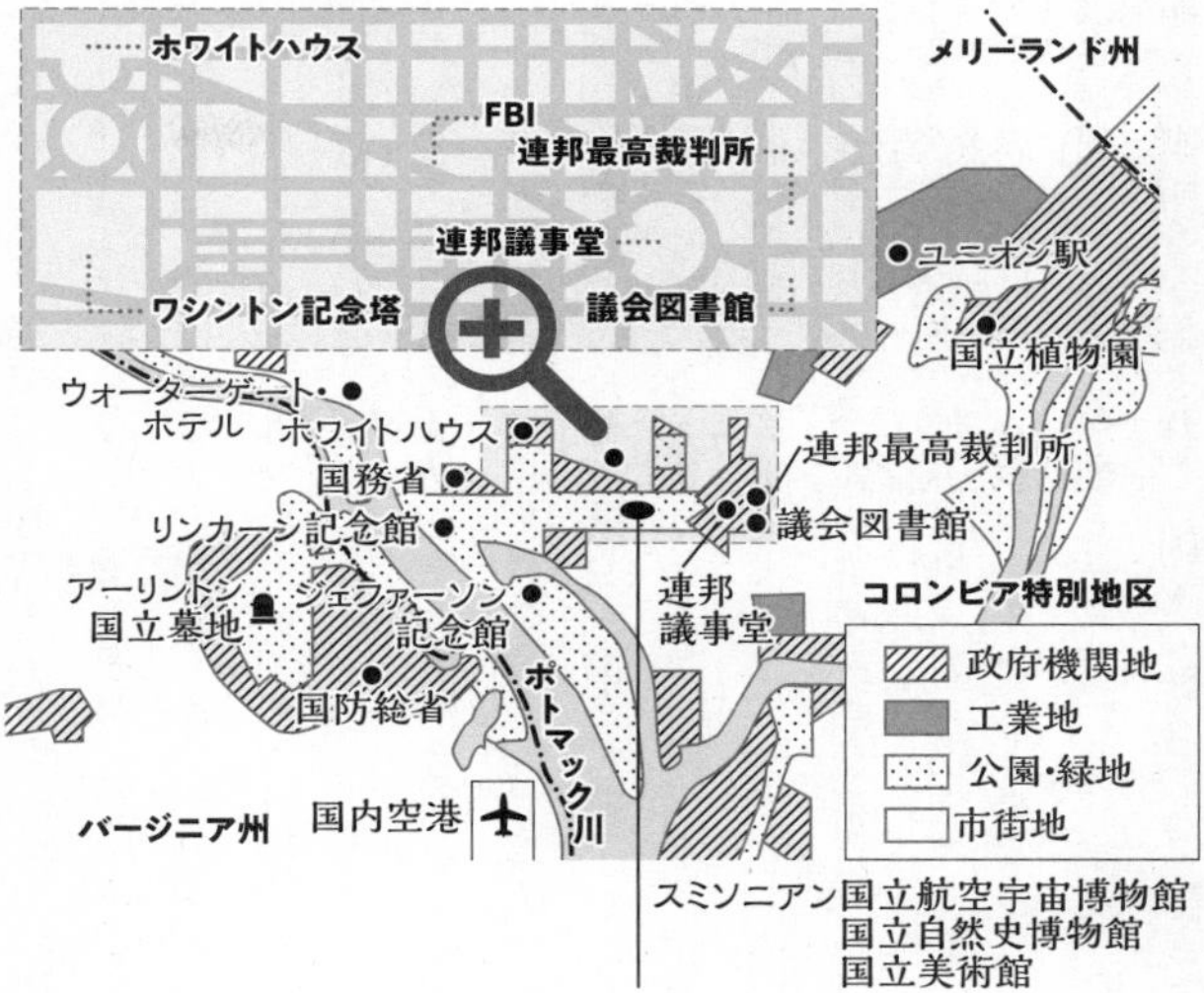

にした。

その面積はだいたい10マイル四方だったが、のちに一部をバージニア州に返した。当初の領域は大阪市を一回り大きくしたくらいだったが、現在は一回り小さく、東京23区の約4分の1である。

アメリカの別名として使われていたコロンビアという名にちなんでディストリクト・オブ・コロンビア（特別区、略称D.C.）と名付けられている。当初はこのうち中心地域をワシントン市と呼ぶなどいくつかの自治体に分かれていたが、1871年になってすべて統合され、ワシントン、D.C.となった。しばしば、ワシントン・D・C・と表記されるが、これは間違いでワシントンの後に付くのはピリオドでなくコンマであるから、ワシントンがD.C.に形容詞のように重なるのではない。いってみれば、神奈川県内の市町村と県が単一の自治体に再編されて、「横浜、神奈川県」という通称になったと思えばいいのである。

ワシントンの住民には長らく自治権も国政への参政権もなかったのだが、1961年になって大統領選挙ではアラスカと同じ3人の選挙人を送れるようになった。また、1973年からは市長と市議会が置かれた。しかし、あいかわらず、上院議員はいないし、下院でもプエルトリコなどと同様、オブザーバー扱いである。

都市設計は、フランス軍兵士として渡米していた建築家ピエール・シャルル・ランファンが人口10万人を念頭に都市計画を策定した。その後、100年記念事業として、モールや公園の整備、政府機関の配置が行われた。

モール周辺には連邦議事堂（キャピトルヒル）、大統領官邸（ホワイトハウス）、連邦最高裁判所、各省庁が配置されている。また、各種モニュメント、スミソニアン博物館・美術館等が配され、「国民の統合の象徴」であることが強調されている。

連邦議事堂を中心とする景観を維持するため、そのドームより高い建物は禁止されている。外交施設は、モールの北西部、北東部に集中している。土地が広いので、住宅は広い敷地に建つ一戸建てが多い。官庁でも、国防総省（ペンタゴン）はバージニア州アーリントンにあるし、CIAはバージニア州ラングレーにある。

市内北西部のジョージタウンは、ワシントン建設以前から存在した都市で、18世紀風の彩りをこの人工都市に添えている。最近、都市規模が大きくなってきたので、住宅も政府機関もワシントンの外に出ることが多い。

主な観光施設としては、連邦議事堂、ホワイトハウス、リンカーン記念館、タイダルベイスンの桜並木、国立自然史博物館、国立アメリカ歴史博物館、国立航空宇宙博物館。郊外ではジョージ・ワシントンの家とマウント・バーノン、ウィリアムズバーグ、アーリントン墓地などである。

グルメ アメリカの料理ではハンバーガーに代表されるファストフードが世界で人気だが、移民の国だから各国の料理を万人向けにアレンジしたものが面白い。イタリアのピザ、メキシコのタコス、スターバックスのコーヒーもそうだ。ワシントンは外交官が多いだけに高級フランス料理も人気。

31

オタワ（カナダ）

英語圏とフランス語圏の境界

◉現地での呼称
アタァワァ

◉人口
93万人

セントローレンス川の河港都市モントリオールは、フランス語圏であるケベック州の首都である。フランス語でモンレアルと読むのが正しい。カナダを開拓したのはフランス人で、1534年。ブルターニュの美しい港町サン・マロ出身のジャック・カルティエが領有宣言をした。

1608年になってド・シャンプランがケベック植民地を創設したが、1763年、七年戦争（フレンチ・インディアン戦争）でイギリスに負けて、横取りされた。

それから200年以上がたっても、フランス人たちは頑《かたく》なにフランスの言葉と流儀を守る。それも、かなり18世紀の言葉そのままで、フランス本土で夕食を指すディネというのは昼食、現代では夜食を意味するスペが夕食だ。

いまはワシントンに引っ越してしまったが、万博を記念したエクスポズというMLBのチームがあったころ、野球中継では、ホームランはスィルキュイ（サーキット）、

オタワ

ショート・ストップはクール・ダレとフランス語に直訳して使っていた。

ケベック分離運動も盛んで、それを抑えるため、1969年に英仏両語を完全対等の国語とし、総選挙の時の党首テレビ討論も英語とフランス語でそれぞれやる。

最大都市はオンタリオ州のトロントでオンタリオ湖畔にある。ナイアガラ観光やメープル街道観光の拠点であり、MLBブルージェイズの本拠地だ。

そして、首都は英仏言語圏の中間のオタワだが、モントリオールから16 1キロメートルでトロントから353キロメートルである。ただし、オタワ自体は英語圏であるオンタリオ州に属すということでバランスが取られている。人口は93万人、オタワ川の対岸には、ケベック州のガティノーという人口28万の町がある。

1826年から軍事目的でオタワ川と南のオンタリオ湖を結ぶリドー運河が建設されたとき、測量したジョン・バイ大佐の名にちなんでバイタウンと名付けたが、1854年に町を再編したときに現地人が呼んだ川の名からオタワとなった。

ケベック（フランス統治時代の首都。セントローレンス川の河口に近い）、モントリオール、キングストン（オンタリオ湖東端でセントローレンス川の起点）、トロント（オンタリオ湖の西端）と首都を争ったが、1858年にビクトリア女王は人口2万しかなかったオタワを選んだ。

「パーラメント・ヒル」と呼ばれる小高い丘にある、ビッグベンに少し似ている国会議事堂は、92メートルの時計台を持つネオ・ゴシックの堂々たるたたずまいで、1857年に建築され、1916年の大火で多くが被害にあったが修復された。

観光の対象になるのは、首相官邸、リドー運河の対岸の高台にあるカナダ総督（元首代理）の公邸リドーホール、ノートルダム大聖堂、国立戦争記念碑、カナダ国立美術館、カナダ戦争博物館、リドー運河、バイワード・マーケットなど。

カナダ国立美術館は建築家モシェ・サフディ氏によって造られたガラス張りのモダンな建物で、巨大な蜘蛛《くも》のオブジェがある。リドー運河は、夏にはクルーズ、冬はスケートリンクにして楽しめ、両岸のカフェも人気がある。

イギリスは、19世紀後半から白人が人口の大部分を占めるコロニー（植民地）をドミニオン（自治領）という地位に変更していった。1867年のカナダが最初だ。1947年に英連邦内でイギリスと対等という宣言をし、1965年には国旗からユニオンジャックが消えた。1982年の憲法で、二言語多文化主義、ケベック州と先住民居留地の特殊性などを確認した。なお、カナダの元首はエリザベス2世だが、元首であるのは、イギリス女王でなく、カナダ女王としてである。

グルメ カナダの特産品といえばメープルシロップ。オタワの東側のラナーク・カウンティは、有名産地。オタワ発祥のビーバーテイルは砂糖をまぶした平たい揚げパンにチョコレートやメープルシロップ、シナモンなどをトッピングする。ビーバーのシッポに似ているので名付けられた。

プーティンは、フライドポテトにグレイビーソースとチーズをかけたソウルフード。オマールはカナダの名産だし、フランス系が強いので、フランス料理の水準は高い。

32 メキシコシティ（メキシコ合衆国）

アステカ帝国の首都の跡に

◉現地での呼称
シウダー・デ・メヒコ

◉人口
921万人

日本が奈良時代だったころ、メキシコ高原にテオティワカン文明、ユカタン半島にマヤ文明が栄えた。ヨーロッパ人がやってくる直前の15～16世紀にはメキシコにテノチティトランを首都とするアステカ文明やインカ文明が栄えていた。

アステカ帝国は、1521年にエルナン・コルテスによって征服された。スペインはラテンアメリカを副王（ビレイ。副王領は ビレイナート）によって支配させた。もとはアラゴン王国がイタリアを支配していたときの制度だ。

メキシコには、ヌエーバ・エスパーニャの副王が1535年に置かれた。これが母体になって、ナポレオン戦争のどさくさで独立したのであるが、「新スペイン」ではまずいので首都の名を国の名にした。アステカの軍神メヒクトリに因んだものだ。

メキシコシティはシウダー・デ・メヒコの英語訳だ。ラテンアメリカの都市はこのようにラ・シウダーを冠して呼ばれる例がほかにもある。

また、ワシントン、D．C．の場合と似て、連邦区（ディストリオ・フェデラル）、D．F．（デ・エフェ）という名もよく使われる。

メキシコ盆地は、東西60キロメートル、南北80キロメートルほどで、愛知県や福岡県と同じくらいの面積。メキシコシティは南西寄りにある。海抜2200メートルほどで、1968年のメキシコ五輪の時にもわかったように、人々の活動にも大きな影響を与えるし、お

メキシコシティ

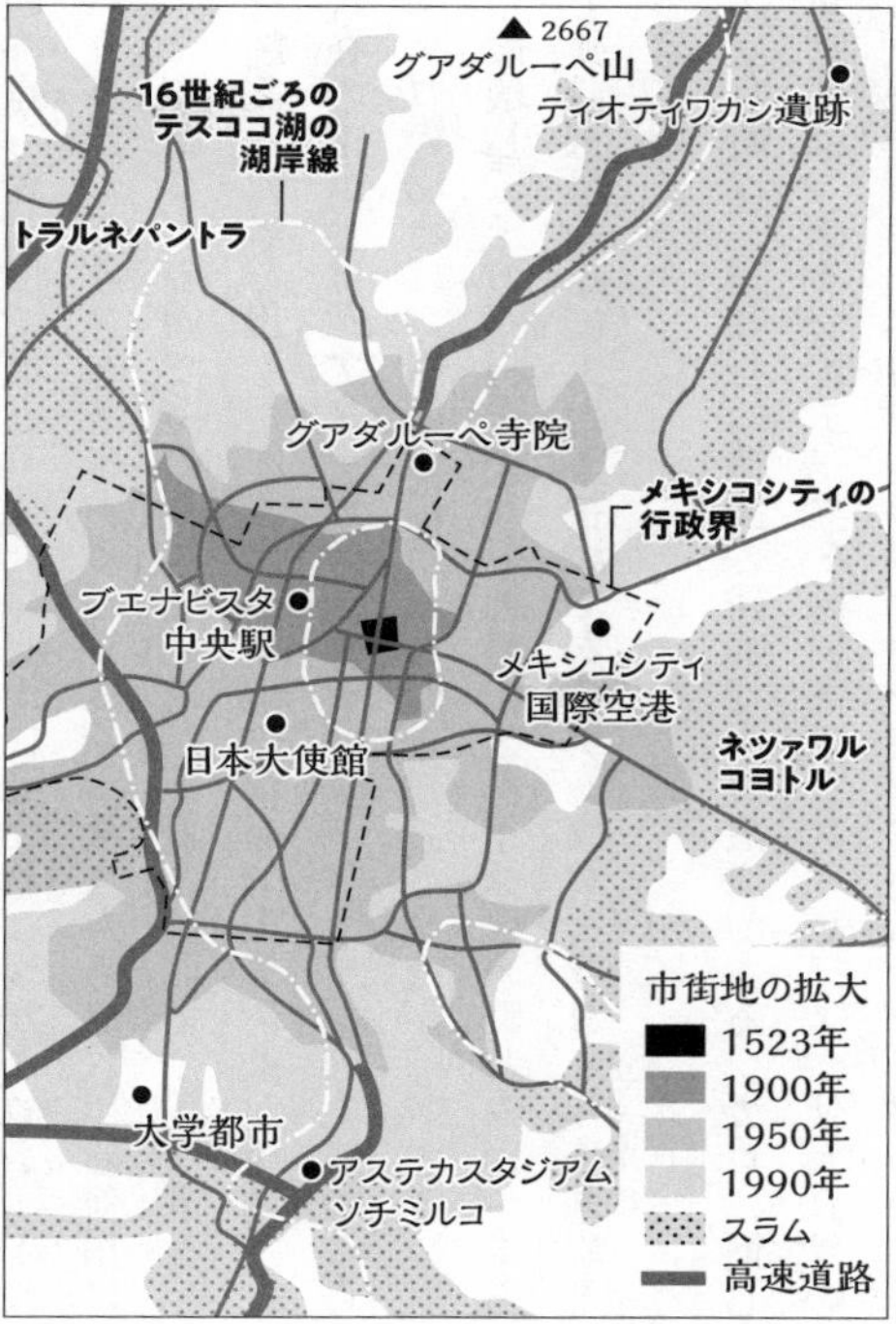

湯の沸点も約93度である。周囲は高山に囲まれ、南70キロメートルには活火山ポポカテペトル山（5426メートル）がある。盆地から流れ出る河川はなく、広い範囲がテスココ湖などの湖で占められていた。地盤は軟弱で、1985年の大地震では1万人を超える死者を出した。また、盆地の宿命で大気汚染が深刻だ。

現在の市街地は、アステカ帝国のテノチティトランの上につくられている。ペルーのクスコの場合は、遺跡を活用しながら建設されたが、メキシコシティの場合は、すべて破壊してその石材を使って純粋にスペイン風の町並みがつくられたが、近年になって建設工事の際に主たる神殿であるテンプロ・マヨールの基礎部分が発見されて保存されている。

国立宮殿は、連邦行政機関の建物で中央広場であるソカロに面して建っている。大統領官邸は、チャプルテペク公園にあるロス・ピノスが使われていたが、現大統領はこれを廃止して国立宮殿内の事務室を使っている。チャプルテペク城は、19世紀から20世紀のはじめの時期に大統領官邸、そして、短期間だったがメキシコ帝国が樹立されたときの皇居で、現在は歴史博物館。ベジャス・アルテス宮殿は、第一次世界大戦直前に建設された豪華なオペラハウス、ソナ・ロサは中心的な繁華街、シウダ・ウニベルシタリアは第二次世界大戦後に建設された大学都市で世界遺産になっている。

ピラミッド型の神殿などの遺跡は、市街地の中心だけに全面的な発掘は無理である。

テノチティトランは広大な湖に浮かぶ小島を中心に造成され、3・5キロメートル四方といった規模で、ほぼ千代田区とか少し大きめの城下町くらい。人口は20万を超え、当時の世界では有数の大都市だった。

スペイン人は征服以来、干拓を進めて湖はだいぶ小さくなった。そのなかで、郊外のソチミルコはかつての水郷の面影を残しているとして世界遺産になっている。メキシコシティの北50キロメートルほどの古代都市テオティワカンは、ピラミッド型の太陽の神殿・月の神殿などが遺跡としてよく残る世界遺産。

スポーツは、サッカーのほかルチャリブレというメキシコ流のプロレス、ボクシング、闘牛などに特色がある。音楽ではマリアッチがよく知られている。

グルメ　タコスは日本でも人気があるが、トウモロコシの粒をすり潰して焼きあげたクレープであるトルティーヤに肉や野菜をはさんだもの。アボカドはメキシコの特産品で、ワカモーレはそれを使ったディップス。酒ではリュウゼツランからつくるスピリッツのテキーラ、そのカクテルであるマルガリータ、コロナ・ビールなどが人気。

33 インカ帝国の都と征服者の首都

クスコ（インカ帝国）&リマ（ペルー）

◉現地での呼称
クスコ

◉人口
32万人

旧スペイン領ラテンアメリカでもアルゼンチンとかチリ、コスタリカは白人が優勢だが、もっともインディオの割合が多い国はボリビアで、ペルー、グアテマラ、メキシコ、エクアドルがそれに次ぐ。インカ帝国の故地であるペルーでは、インディオのケチュア45パーセント、メスティーソ（白人とインディオの混血）37パーセント、白人15パーセントである。

ペルーという国名は諸説あるが、ペルー副王領という言葉に採用され、そのまま独立後の国名になった。首都リマは征服者（コンキスタドール）であるピサロによってチャラと呼ばれる海岸砂漠地帯に建設され、付近の川の名にちなんで命名された。

標高160メートルほどの場所にあるリマ・セントロ地区は、副王領の首都としての栄華をしのばせる豪華な建築に溢れて世界遺産である。マヨール広場（旧アルマス広場）が中心で、大統領府、カテドラル、市庁舎が並ぶ。

ピューマの街とされるインカ帝国のクスコ

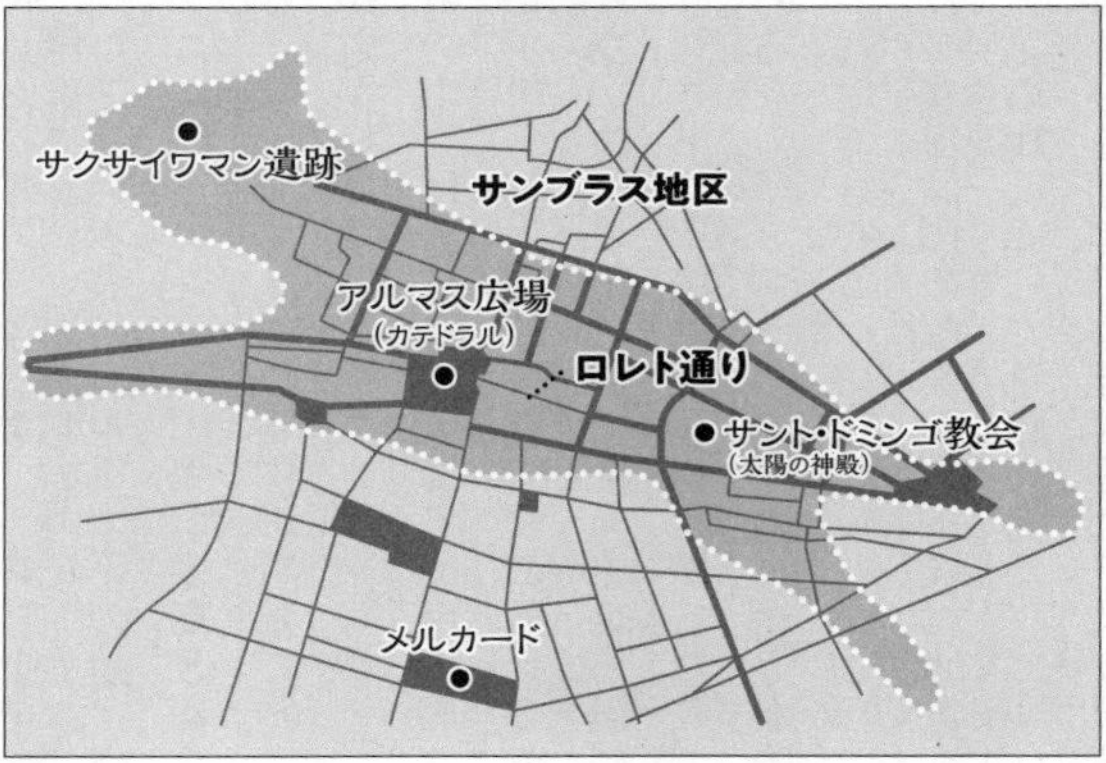

そのうち、フランシスコ・ピサロの墓もあるカテドラルとセビリア風のサン・フランシスコ教会・修道院がまず世界遺産に登録され、ついで地区全体に拡げられた。

1992年のセビリア万博ではスペイン領時代のキリスト教美術の特別展示をバチカン館が催して私も見学したが、金ぴかで現地の文化も採り入れた豪華絢爛さで話題になった。

海岸に近いミラフローレス地区がある新市街には、快適なレストランなどが並び夕陽が美しい。アモール公園は、恋人たちの巨大な像がシンボルになっている。「ワカ・プクヤーナ」は1500年前の遺跡でピラミッドのようなものもある。

トーレ・タグレ宮殿は、ペルー独立運動の英雄サン・マルティン将軍が命じて建てさせた美しい木製のバルコニーの館。現在は外務省に使われている。

クスコは、アンデス山脈の標高3400メートルの地点にあって1200年代から1532年までインカ帝国の首都だった。都市計画は、ピューマをかたどったともいうが定かではない。

町の中心はアルマス広場で、カテドラルやインカ帝国の宮殿のあとにあるラ・コンパニーア・デ・ヘスス教会がある。この地区のインカの遺跡としては十二角の石を隙間がないように他の石で囲んでいる石組みが有名。

サンペドロ市場は土産物を探したり、郷土料理を屋台で楽しめる。旧市街の全景を眺めるならサンブラス地区の高台等が絶景だ。そして、クスコはマチュピチュ遺跡観光の基地でもある。

カリブ海諸国のなかで、ドミニカ共和国のサント・ドミンゴは、コロンブスが新大陸統治の中心とした都市である。

1506年にスペインのバリャドリードという町で死んだのち、セビリアの修道院に埋葬されたが、生前の希望に添って、サント・ドミンゴにあるサンタ・マリア・

ラ・メノール大聖堂に移した。ところが、一時、ドミニカがフランス領となったので、遺骨はキューバへ移され、米西戦争のためにセビリアに戻された。

キューバのハバナは、フロリダ半島と海峡を挟んで対峙し、アルメンダレス川の河口に位置して淡水資源が豊富で、しかも良港という素晴らしい条件の都市である。ラ・アバーナ・ビエハといわれる旧市街は、コロニアルな雰囲気がよく残る。

しかも、アメリカによる経済制裁の怪我の功名で、クラシック・カーが多く走っていたり、かつての社会主義国らしいレトロな雰囲気もあり、マンボ、ルンバ、サルサなどの音楽や、モヒート、ダイキリといったカクテルの故郷でもある。

グルメ アンチョビやコカが特産品だ。ペルーでは、魚介類をレモン汁でマリネにし、牛乳、ロコト（唐辛子）、セロリ、玉ねぎなどを加えたセビッチェとか、牛の心臓の串焼きであるアンティクーチョ、茹《ゆ》でたジャガイモに唐辛子入りチーズソースをかけたパパ・ア・ラ・ワンカイーナなど変わった料理が多い。ジャガイモはこのあたりが原産地だ。リマはグルメの町として知られており、名シェフとして知られるガストン・アクリオの「アストリッド・イ・ガストン」は、世界のレストラン・ランキングの常連である。

34 ブラジリア（ブラジル）

早くも世界遺産になった20世紀の都市

◉現地での呼称
ブラジリア

◉人口
304万人

21世紀になって経済が躍進し、FIFAワールドカップ（2014年）とリオデジャネイロ五輪（2016年）の会場として世界の注目を集めたブラジルの正式の国名は、ブラジル連邦共和国（ヘプブリカ・フェデラティバ・ドゥ・ブラジーウ）。

不思議なのは、旧スペイン領の国々が16カ国にも分かれているのに、ポルトガル領だったブラジルがまとまってひとつの国になっていることだ。ブラジルがポルトガル領になったのは、1494年にスペイン中部の町で結ばれたトルデシリャス条約で、西経46度37分より東はポルトガル、西はスペインの勢力圏にしたからだ。

マキャベリが『君主論』で褒め称えたチェーザレ・ボルジアと、婚姻政策に翻弄《ほんろう》された妹のルクレチアの父である教皇アレクサンドル6世の肝いりで結ばれた。

アフリカやインドはポルトガル、アメリカはスペインというつもりだったのだろうが、南米大陸が予想より東に突き出ていた。

ブラジルの首都ブラジリア

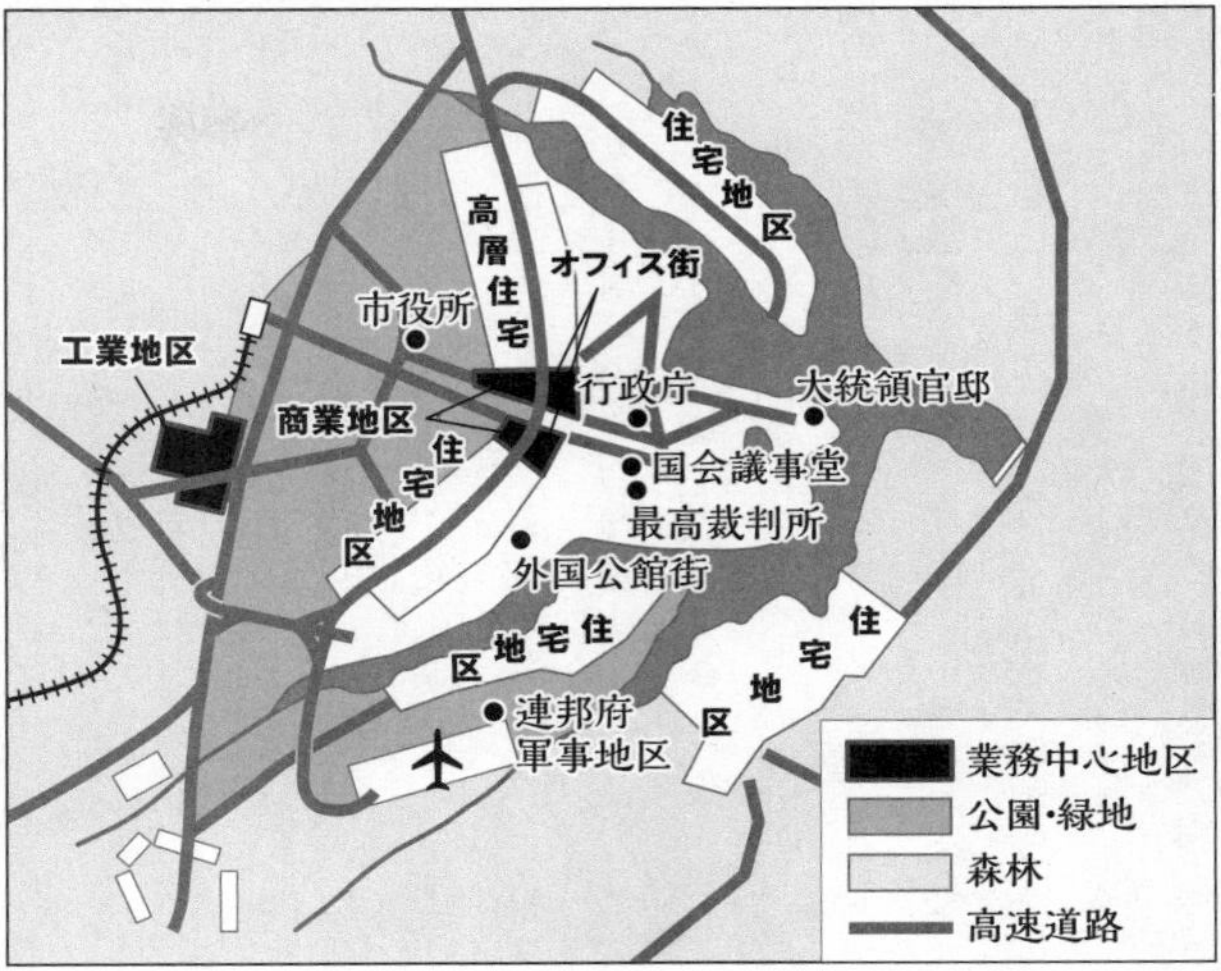

最初の首都は、北東部のサルバドールだが、やがて、「1月の川」という意味の語源を持つ港町リオデジャネイロに移った。そして、ナポレオン戦争のとき、ポルトガル王室が、戦争を避けてここに移ってきた（1807年）。

しかも、ジョアン6世がリスボンへ帰ったあとも、皇太子ドン・ペドロはブラジル摂政として残り、1822年にブラジル皇帝を名乗って独立した。ところが、ペドロ2世が奴隷を解放したのに反発した保守派のクーデターで共和国になった（1889年）。

このように、王室が亡命してきたり、ブラジル帝国になったりしたのが、副王の管轄ごとに分割されたりしなかった理由である。

首都はブラジリア。各州が平等でないと連邦維持に支障が出る、広大な内陸部の領土を開発したい、リオでは海防上、危険だというのが理由だった。中部の高原への遷都は、憲法にも書かれていたが、1956年に大統領になったジュセリーノ・クビチェックが選挙の公約にして、強引に建設を急ぎ、任期中の1960年に移転した。

標高1152メートルの高原地帯に広がるセラード（低木草原）地帯で、リオデジャネイロから1200キロメートルくらい。この場所が選ばれたのは、人造湖をつくるための水資源があるのも決め手になった。

ブラジル人建築家ルシオ・コスタの設計で、飛行機のようなデザインになっている。機首の部分に当たる中心部「プラノ・ピロット」の二棟の高層ビルと皿のようなかたちの国会議事堂やメトロポリタン・カテドラル（16本の天を指す白い柱がキリストの茨《いばら》の冠を象徴）など、主な公共建築は国連本部ビルを設計したブラジル人建築家オスカー・ニーマイヤーの作品。モダンなデザインは高く評価されており、早くも1987年には街全体が世界遺産に登録された。ジュセリーノ・クビチェック橋も人気である。

交通は車道と歩道が完全分離され、車道は立体交差が主である。地下鉄やトラムが最近では整備され始めている。ブラジル各地とは飛行機と長距離バスで結ばれており、クビチェック国際空港は国内線のハブ空港としてもよく機能している。1990年までは地方自治は許されていなかったが、現在では改善された。

旧都リオデジャネイロは、商業都市として健在。2016年には夏季五輪が開催された。

国内最大都市は、コーヒーの集散地であるサンパウロで、海外で最大の日本人コミュニティがある。

グルメ ブラジル料理としては、鉄串を刺した大きな肉をグリルして、塊を切り分けてくれる「シュラスコ」が代表。「フェイジョアーダ」は、黒インゲンと塩漬けの豚、ソーセージ、豚足、豚耳、内臓などを煮込んだシチュー。ブラジルの国民食といわれている。アラブ料理も好まれ、クスクスのサラダに似た「タブレ」もよく食される。コーヒーが欠かせないのはいうまでもない。

35 ラパス＆スクレ（ボリビア）

銀山の都と錫の都

◉現地での呼称
ラパス

◉人口
77万人

ラテンアメリカ（中南米という言い方は世界的には通用しない）で史上最大の英雄といえば、「解放者」（エル・リベルタドール）と称されるベネズエラ人シモン・ボリバルである。

実家はスペインのバスク地方がルーツで、ベネズエラ植民地建設のときから参加したクリオーリョ（南米に先住したスペイン人）名門の出身だった。ヨーロッパで学び、ナポレオン戦争の余波で独立の気運が高まったときに、その運動のリーダーとなった。

コロンビアやエクアドルまで含んだ大コロンビアを建国したが、結局、現在のコロンビア、ベネズエラ、エクアドル、パナマといった形に分裂した。

しかし、彼の名は、ボリビアに残ったほか、生まれたベネズエラも、ベネズエラ・ボリバル共和国（レプブリカ・ボリバリアーナ・デ・ベネズエラ）と国名を変更して

ボリビアの複数首都

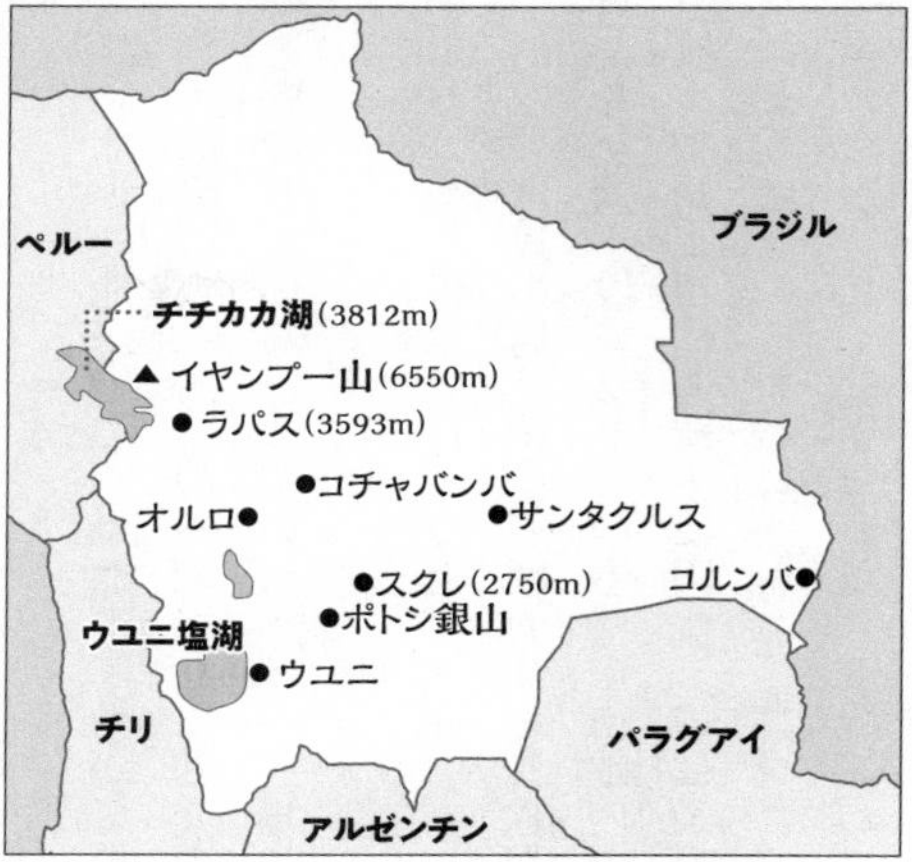

いる。

ボリビアはかつて世界に価格革命を起こした原因をつくったポトシ銀山で栄え、その町は世界遺産になっている。

１８２５年の独立から憲法上の首都はスクレだが、銀鉱山に近いスクレを地盤にしていた保守派を、１８９９年の「連邦革命」で新興の錫《すず》鉱山をバックにしたラパスを拠点とした自由派が倒し、議会と政府をラパスに移転させた。

ラパスはペルー副王領の中心だったリマと鉱山が多い南部の中間地帯の要衝として、１５４８年にアロンソ・デ・メンドーサによって建設が開始された。

はじめは丘陵地が中心だったが、やがて風が穏やかなすり鉢状の盆地に、現在はムリーリョ広場（スペインの画家でなく独立の英雄ペドロ・ドミンゴ・ムリーリョに因む）と呼ばれているかつてのスペイン広場に、メトロポリタン聖堂などの施設が作られた。

アルパカや羊の毛で作ったセーター、タペストリー、銀製品や楽器など民芸品が人気である。庶民の居住地は周囲の高地に拡がっていき、ケーブルカーやロープウェーが重要な交通手段になっている。市街地内の標高差は700メートルもある。

旧都スクレ（初代大統領に因む）には最高裁判所が残る。標高2750メートルでラパスよりは低い。スパニッシュ・コロニアル様式の赤い屋根とモルタルの白い壁、両開きの窓が美しく世界遺産だ。このスパニッシュ・コロニアルといわれる様式は、建築家ヴォーリズなどが高温の日本に向いているとして持ち込んだので、日本人が洋館という言葉にもつ代表的なイメージのひとつになっている。

細長い国土を持つ、チリの首都はサンティアゴ（サンティアゴ・デ・チレ）。チリ中央渓谷の大きな盆地に建設され、標高は560メートル。気候が良い。ブエノスアイレスのちょうど西になる。途中の峠の近くにアメリカ大陸最高峰のアコンカグア山（6960メートル）がある。

国会は120キロメートルほど西の港町で、海越しにアンデス山脈の絶景が見えるバルパライソにある。ちょうど、富山県氷見《ひみ》の雨晴《あまはらし》海岸から立山連峰を見るのと似た風景だ。「バルパライソの海港都市とその歴史的な町並み」は世界遺産。

アルマス広場とそれに面したサンティアゴ大聖堂、大統領府モネダ宮殿、市内を眺望できるサン・クリストバルの丘、300メートルの展望台スカイ・コスタネラ、それに博物館が多く充実している。

コロンビアの首都ボゴタは、標高2640メートルの盆地にある。世界一のエメラルドの産地で、エメラルド博物館と黄金博物館が人気だ。

エクアドルの首都キトはほぼ赤道直下だが、標高2850メートルで気候は良い。ガラパゴス諸島観光の基地になっている。

グルメ 日本はチリからワインやサーモンを多く輸入している。フランス料理のポトフのような「カスエラ」や「エンパナーダ」というミートパイ、それに日本人にはウニが安いのが魅力だ。

36 ブエノスアイレス（アルゼンチン）

タンゴとエビータの町

◉現地での呼称
ブエノスアイレス

◉人口
307万人

ラ・プラタ川は南米でアマゾン川に次ぐ大河である。世界一周の航海でこの地に来たマゼランは、太平洋に出る海峡だと間違って遡《さかのぼ》ったものの、だんだん幅が狭くなり、川であることを発見して落胆した。

アルゼンチン（ラテン語の銀に由来。現地語ではアルヘンティーナ）は、天然資源はあまりなく、スペイン人は放置していた。パンパという草原が牧畜に向いていることが明らかになったのだが、はじめは、ペルー経由で本国やほかのヨーロッパ諸国と交易させられたので発展が遅れた。

しかし、1776年にラ・プラタ副王領（パラグアイ、ウルグアイ、それにボリビアの一部）が設置され、ラ・プラタ川の河口の港町で「良い風」を意味するブエノスアイレスが首府となった。独立したのは、ナポレオン戦争の1816年である。

アルゼンチンでは政治的混乱が続いたが、安定を見た1880年には首都として確

ブエノスアイレスの7月9日通り

定し、近代化政策も成功し大量の移民がヨーロッパ、とくに、イタリアから流れ込んできた。

『母をたずねて三千里』『南十字星のもとに』『マルコ』などさまざまな形で知られる物語は、19世紀後半に貧乏だったイタリアから、医師の夫人が家政婦として豊かなこの国に出稼ぎにやってきたまま行方不明になり、その息子が捜しに行くというものである。なにしろ、この国は、第二次世界大戦が終わったときも世界でGNPが五本の指に入る豊かな国だった。

コロン劇場が世界屈指のオペラハウスとして完成したのも、下町のボカ地区の酒場からタンゴが生まれたのもこの時代で、

「南米のパリ」と呼ばれた。両大戦には中立を保って外貨を稼ぎ、軍人のファン・ペロン大佐が大統領になり、その夫人で名曲「泣かないでアルゼンチン」で知られるミュージカル『エビータ』のモデルになったエバ・ペロン（エビータ）ともどもポピュリズム政治をした。

しかし、戦争で儲《もう》けた資金が枯渇すると経済は破綻し、その後、1980年代にはカバロ経済相のマネタリスト的経済運営が成功して奇跡の復活を遂げたが長続きしなかった。

市内中心の「五月広場」には、ホワイトハウスに対抗して「カサ・ロサーダ（バラ色の家）」といわれる大統領府やカビルド（市庁舎）、南米独立の闘士サン・マルティンの墓があるメトロポリタン大聖堂などが立ち並び、行事やデモもここで行われる。「7月9日通り」は、最大幅140メートル、16車線で世界で一番幅が広い道路とされ、巨大なオベリスクがある。広大なレコレータ墓地には彫刻で飾られた多くの著名人の美しい墓があるが、エバ・ペロンの墓にはいまも多くの人が献花している。

南東部の下町にあるボカ地区のカミニートは、カラフルな建物が立ち並んで観光地として人気。ディエゴ・マラドーナが所属していた、サッカーのボカ・ジュニアーズの本拠地もここ。

ベネズエラの首都カラカスは、標高900メートルほどの盆地にあり、19世紀半ばのアントニオ・グスマン・ブランコ大統領がフランス風の首都として整備した。20世紀になって近代的なビルが立ち並んだが、経済危機で治安が悪くなっている。大学都市はカルロス・ラウール・ビリャヌエバのプランでモダニズム建築の傑作として知られ、世界遺産になっている。

グルメ　アルゼンチンは農業大国だが、とくに牛肉王国で、「アサード」は大きな網で焼くバーベキュー。「チョリパン」は、スペイン風のスパイシーなソーセージであるチョリソーをパンに挟んだもの。「ミラネッサ（ミラノ風カツレツ）」「タジャリン（タリアッテレ）」などイタリア料理も盛ん。

ミルクをキャラメル化するまで黒砂糖などと煮詰めた「ドゥルセ・デ・レーチェ」をさまざまなデザートにかけるが、「アルファホル」はクッキーに挟み食べるデザート。

37 キャンベラ（オーストラリア連邦）

シドニーとメルボルンの真ん中に

◉現地での呼称
キャンベラ

◉人口
47万人

オーストラリア連邦は英語では、コモンウェルス・オブ・オストレーリアという。「コモンウェルス」を連邦と訳しているが、コモンウェルスは英連邦（コモンウェルス・オブ・ネーションズ。「英」という言葉は入っていない）やアメリカの州のうちペンシルベニアなどいくつかも使っており意味は多様だ。

オーストラリアは、1901年に独立するまでは、各州（コロニー）が本国に直結していたが、ゆるやかな連携が図られ、ステートとなり、その共同体をコモンウェルスとした。オーストラリアは、本国との絆が弱まるのをおそれ、独立を嫌がったが、第二次世界大戦で、英本国が頼りにならず、アメリカのお陰で日本による占領を免れたので、独立を決意した。

オーストラリアの二大都市は、メルボルン（メルバン）とシドニーである。それぞれ、英国の政治家であるメルボルン子爵ウィリアム・ラムとシドニー子爵トマス・タウンゼントに因む。

　この二都市が首都を争った。メルボルンが優勢だったが、シドニーがあるサウス・ウェールズ州の連邦参加を促すため中間にキャンベラを建設することとなった。建設の決定は1913年で27年にメルボルンからの移転が発表された。

　1911年に都市デザインの国際コンペが実施され、シカゴの建築家ウォルター・バーリー・グリフィンとマリオン・マホーニー・グリフィンの案が当選した。1913年3月12日に「キャンベラ」と命名された。

キャンベラ中心部

　キャンベラの市街地は7つの地区によって構成されている。その間を緑地や丘陵地で隔て、市街地の連坦をさけているので、緑豊かな都市になっている。バーリー・グリフィン湖の南側のサウス・キャンベラ地区に、国会議事堂、政府庁舎（首相官

邸はザ・ロッジと愛称され、国会議事堂を囲むサークルの少し西側に位置する）や外交施設、最高裁判所などの三権が集まるほか、国立美術館や国立図書館もある。

湖の北側のノース・キャンベラ地区には、オーストラリア国立大学などの教育・研究機関、コンベンション・センター、文化・交流系施設、商業・金融機能などが集められている。

国会議事堂はステート・サークルというロータリーの中心にあり、ここから北東の湖の対岸（橋はない）に戦争記念館があり、その正面のアンザックパレードは軍事パレードに使われる。記念館の背後にはマウントエインズリー展望台がある。

この両側のモロンゴ川にコモンウェルス橋とキングス橋があり、コモンウェルス橋の先に繁華街の中心がある。国会議事堂は１９８８年竣工で、正面にはアボリジニの芸術家によるモザイクが飾られている。

それ以外の都市のうち、港町シドニーが日本人には馴染み深い。デンマークの建築家ヨーン・ウツソン設計で花びらが開いたようなデザインの斬新なオペラハウスがランドマークだ。

旧首都メルボルンは、ゴールドラッシュで大発展した。世界でもっとも住みやすい町に何度も選ばれている。「王立展示館」はジョセフ・リード設計で1880年の博覧会の会場としてフィレンツェの大聖堂を模して建てられた。カールトン庭園とともに世界遺産に登録されている。

クイーン・ビクトリア・マーケットは、南半球で最大のオープンエアーマーケット。

ニュージーランドでは、北島の北部にある港湾都市オークランドが最大都市で、1841～65年まで首都だったが、南島が独立の構えを見せたために、首都をウェリントンに移転した。オークランドの人口147万人に対し、22万人だ。湾の内側にあり平地は少なく、坂の町でケーブルカーで住宅地と市街が結ばれている。

グルメ　オーストラリアの代表的料理としては、グレービーソースを使ったミートパイ、フィッシュ&チップス、ヴィールシャンク（子牛や子羊の骨付き肉）といった英国統治時代からの伝統料理に加え、移民がアジア料理を持ち込んでいるし、ワインの産地だけにフランス料理やイタリア料理の新天地でもある。キャンベラでは、湖に浮かんだ船上レストランでの食事という楽しみもある。

COLUMN 05

ワシントン型とボン型の首都の長短

世界の首都移転などを参考に、もし日本で首都機能移転をする場合に、どのような機能を移転させるかだが、「国会等移転調査会報告」では、まず、国会を移転させるとしていた。

国会議事堂と首相官邸、さらには、主要省庁の政策部门というイメージだった。最高裁判所については、同時期に移転が必要でもないが、基本的には同じ場所に移転という意見が多かった。

ただ、司法が立法、行政と同じ場所にある必然性はなく、ドイツではカールスルーエにある。かつて東京都の鈴木知事も最高裁判所の京都移転を唱えたことがあるし、たとえば、首都を西に移転したら、最高裁判所は東北にという考えもありうるだろう。

中央省庁のどの程度を移転するかといえば、私は大ざっぱには、霞が関の公務員の半分を移転させ、残りは道州制を実施して各道州に移籍させたらいいと言ってきた。

また、過渡期には家族の事情などでの移転困難者も多いので、東京での公務員ポストもある程度あったほうが円滑にいく。

都市としては、大ざっぱに言えば、ワシントン型とボン型があると思う。つまり、ワシントンのように独立した大都市として運営するなら人口100万人くらいは必要だ。

しかし、ボンの場合は、近隣にケルンという大都市があり、フランクフルトも近かったので30万人ほどで十分だった。たとえば、空港については、ケルン・ボン空港という国内線用の空港もあったし、大陸间の移動なら、フランクフルト空港から特別のシャトル列車が走っていて搭乗手続きはボンの駅でできた。

たとえば、東濃地区や那須ならワシントン型だろうし、三重県の伊賀地方を中心とした畿央高原のような立地なら、関西と名古屋圏の機能を使えばいいことになる。どちらの都市圏も既存の鉄道を改良すれば通勤通学圏内だし、エンターテインメントも依存可能だ。

第5章 東アジア

East Asia

38 ニューデリー（インド）

イスラムのデリーと現代のデリー

◉現地での呼称
ニューデリー

◉人口
1679万人

世界で人口が最も多い中国とインドの違いは、中国には統一王朝が存在した時期が長いが、インドではごく短い期間だけだということだ。

インド亜大陸のほぼ全土を統一したのは、仏教を広めたことで知られるアショーカ王のころのマウリア朝と、イギリスに滅亡させられたムガール帝国全盛期の短い期間だけである。むしろ、インドが統一されたのは、イギリス統治の結果である。

ビクトリア女王は、フランス、オーストリア、ロシア、のちにはドイツの君主が皇帝で自分が女王であるのが口惜しくて仕方なかった。そこで、ディズレーリ首相がインド帝国をでっち上げて、女帝（エンプレス）としての冠を贈呈した。

歴史的にインドの中心がどこかといえば、古代にはガンジス川の下流に近いオリッサ州のあたりで、近世にはもう少し上流のデリー周辺だったといえる。お釈迦さまが生きていたころのガンジス川流域は群雄割拠だったが、アレクサンドロス大王の遠征

ニューデリー

が刺激となって、チャンドラグプタがマウリア朝を建て、これがインドを統一した。この王朝のアショーカ王が仏教を国教に採用して広めた。

アショーカ王の首都は、パータリプトラといって、現在、ビハール州の首都になっているパトナのことだ。この都の遺跡と呼べるものはほとんどないが、この地方には、ブッダガヤ、サルナートなど多くの仏教遺跡がある。

イスラム教が入ってきたのは、12世紀あたりからだが、１２０

6年に奴隷王朝がデリーを本拠にして自立し、イスラム王朝がこの地方を支配した。16世紀には、中央アジアからモンゴル系のティムールの一族が侵入してムガール帝国を建国し、名君アクバル帝、タージ・マハールを建設したシャー・ジャハーン、インドをほぼ統一したアウラングゼーブ帝の時代に全盛期を迎えた。

首都はアグラとデリーを行ったり来たりしたのち、デリーに固定された。このムガール帝国がヒンドゥー教を弾圧して弱体化したのにつけ込んでイギリスが進出し、1858年にムガール帝国を滅ぼした。

イギリス統治の中心は、はじめカルカッタ（コルカタ）だったが、1911年にデリーに移り、1931年に近郊に建設されたニューデリーが首都になった。

デリーはガンジス川の支流、ヤムナー川の右岸にあり、西は岩石が多い丘陵となっている。ガンジス川流域ながらインダス川との分水界に近い。

ニューデリーは、エドウィン・ラッチェンスが設計し、オールドデリーや鉄道駅の南側にコンノートプレイスというロータリーを設け、南側の少し離れたところにラージパト通りという3キロメートルほどのメーンストリートがあり、この通りの両端とコンノートプレイスを結ぶ正三角形の土地が、霞が関のような官庁街になっている。

各国大使館などは南西地区に集められている。

ラージパト通りの東端にインド門があり、西端には政府合同庁舎および大統領官邸がある。ラージパト通り沿いには国立博物館がある。コンノートプレイスの北にはニューデリー駅があり、長距離列車が発着しデリーのターミナル駅となっている。

ニューデリー駅前にはパハールガンジという安宿街が広がり、多くのバックパッカーが訪れる。ニューデリー東部にはラクシュミーナーラーヤン寺院がある。また、ニューデリー南西のチャーナキャプリー地区は大使館街となっており、日本大使館をはじめアメリカ、イギリス、ドイツ、中国、フランス、パキスタンなど各国の大使館が軒を連ねる。

ほかにもフマーユーン廟、クトゥブ・ミナール（インド最古のミナレット）、レッド・フォート、グラッドワーラ・バングラ・サヒブ（シーク教寺院）など。

グルメ　デリーなどパンジャブ地方の北インド料理は、牛乳や生クリームなどを使用して濃厚で油分が多く、南インド料理とは水分が多い点が違い、さらに、北インドではナンというパンが主食で南インドでは米という違いがある。東部のベンガル地方では、魚のカレーが名物だ。

39 ネーピードー（ミャンマー）とインド周辺諸国

軍事政権とアウンサンスーチーそれぞれの都

◉現地での呼称
ネーピードー

◉人口
92万人

インドは、もともと、インダス川河口付近のカラチ地方をシンドと呼んでいたのをインド亜大陸全体のことに当てはめたものである。中国語の「身毒」もそこから来ているし、「天竺」も古代中国ではよく似た発音だったのである。サンスクリット語で川や水の意味で、ペルシャ語を介して英語でインドになった。

独立時に、イスラム教が有力な地域は、分離・独立してパキスタンとなった。はじめはインダス川河口やモヘンジョダロ遺跡に近いカラチが首都だった。英国植民地時代に内陸部からの鉄道と結ばれる港湾都市として発展した。１９５９年に北部のラワルピンディー郊外にイスラマバードを建設して新首都とした。

イスラマバードはギリシャ人建築家ドクシアディスの設計で、標高４５７メートルの高原の盆地に人工湖をつくり、その周りに建設された都市である。中心的な宗教施設であるファイサル・モスクは、サウジアラビア国王からのプレゼント。

インド地図

パキスタンは、東西に分かれていたが、東部が独立してバングラデシュになった。コルカタを首都とするベンガル州の東部だった地域で、語源としてもベンガルから来ている。20世紀になってベンガル州が東西に分けられた時に、東ベンガルの首都になって、新しい市街地も建設された。市街を走るリキシャ（人力車）は40万台。ドケッショリ寺院（隠された女神）が都市名の起源といわれる。

アフガニスタンの首都カブ

ールは、玄奘《げんじょう》三蔵がシルクロードからバーミヤンの大仏へ、ハイバル峠からインドへ入ったときに通った。また、ムガトル帝国の創始者であるバーブルが本拠にしたことがあり、ここに廟がある。

アフガニスタンが、イランのアフシャール朝（イラン北東部のマシュハドが首都）から独立したときに首都となった。

スリランカはかつてセイロンといった。いまでも島の名前としては使われている。首都はスリ・ジャヤワルダナプラ・コッテにコロンボから1985年に移った。昔の王都で人工湖に浮かんだようになっている。ただし、両者の距離はせいぜい東京の新旧都庁舎のあいだくらいだ。コロンボは、ポルトガル人の建設した港湾都市で、オランダやイギリス風のコロニアルな風情が心地よい。

ネパールの首都カトマンズは、標高1400メートル。ネワル族の都だったが、英国軍の勇猛な傭兵として知られたグルカ族に征服された。公用語はアーリア系のネパール語だが、首都で主に話されるのはチベット・ビルマ語系ネワル語。

17世紀の面影がよく残り、世界文化遺産になっている地区もネワル族の住む地域だ。2015年の地震で甚大な被害を受けたが、復旧している。渓谷の奥の盆地にあるので、航空機の着陸がたいへん難しいことでも知られる。

ビルマ（英語：バーマ）とミャンマーは、もともと同じなのだが、ミャンマーが文語的で、ビルマが口語的表現。国内的にはもともとミャンマーだが、イギリス人がバーマと呼んでいたので、国際的にはそちらを使っていたが、軍事政権は、１９８９年に対外的にもミャンマーに変更した。

２００６年には首都をヤンゴン（ラングーン）から内陸に３２０キロメートルのネーピードーに移した。ヤンゴンを基盤とするアウンサンスーチーを抑えるのが目的とみられた。

ネーピードーは、一般国民の行政区域への立ち入りが制限されていることもあり、人口は少なかったが、最近では90万人を超している。大使館はまだほとんど移転していないが、商社などは連絡事務所を置いたりしている。高速道路が張り巡らされ、高さ１００メートルのパゴダが立っている。

豆知識　インドの公用語の筆頭はヒンディー語だが、パキスタンでは、ウルドゥー語である。ムガール帝国の宮廷ではペルシャ語が使われており、ヒンディー語にペルシャ語の単語を多く採り入れて成立した言葉だ。

40 ジャカルタ（インドネシア）

インドネシアとマレーシアの新首都

◎現地での呼称
ジャカルタ

◎人口
1050万人

マレーシアとインドネシアは、いずれも多くの島を持ち、広い範囲に国土が拡がっている。マレーシアは首都機能を郊外のプトラジャヤ（サンスクリット語で「勝利の息子」）という新都市に移している。そして、インドネシアもカリマンタン（ボルネオ）島への移転を決定した。

マレーシアの名目上の首都はクアラルンプールで、ここに王宮（国王はスルタンたちの持ち回りである）や国会がある。ゴンバック川とクラン川の合流点で、マレー語で「泥が合流する所」という意味である。

錫鉱山の開発拠点で、スランゴール州の中心都市だった。米国人シーザー・ペリの設計による、高さ452メートルのペトロナス・ツインタワーは、世界でもっとも高い建造物のひとつだが、イスラム風の雰囲気が採り入れられた名建築だ。

ただし、行政府は25キロメートル南方のプトラジャヤに移転した。丘陵地帯にいく

インドネシアの首都移転計画

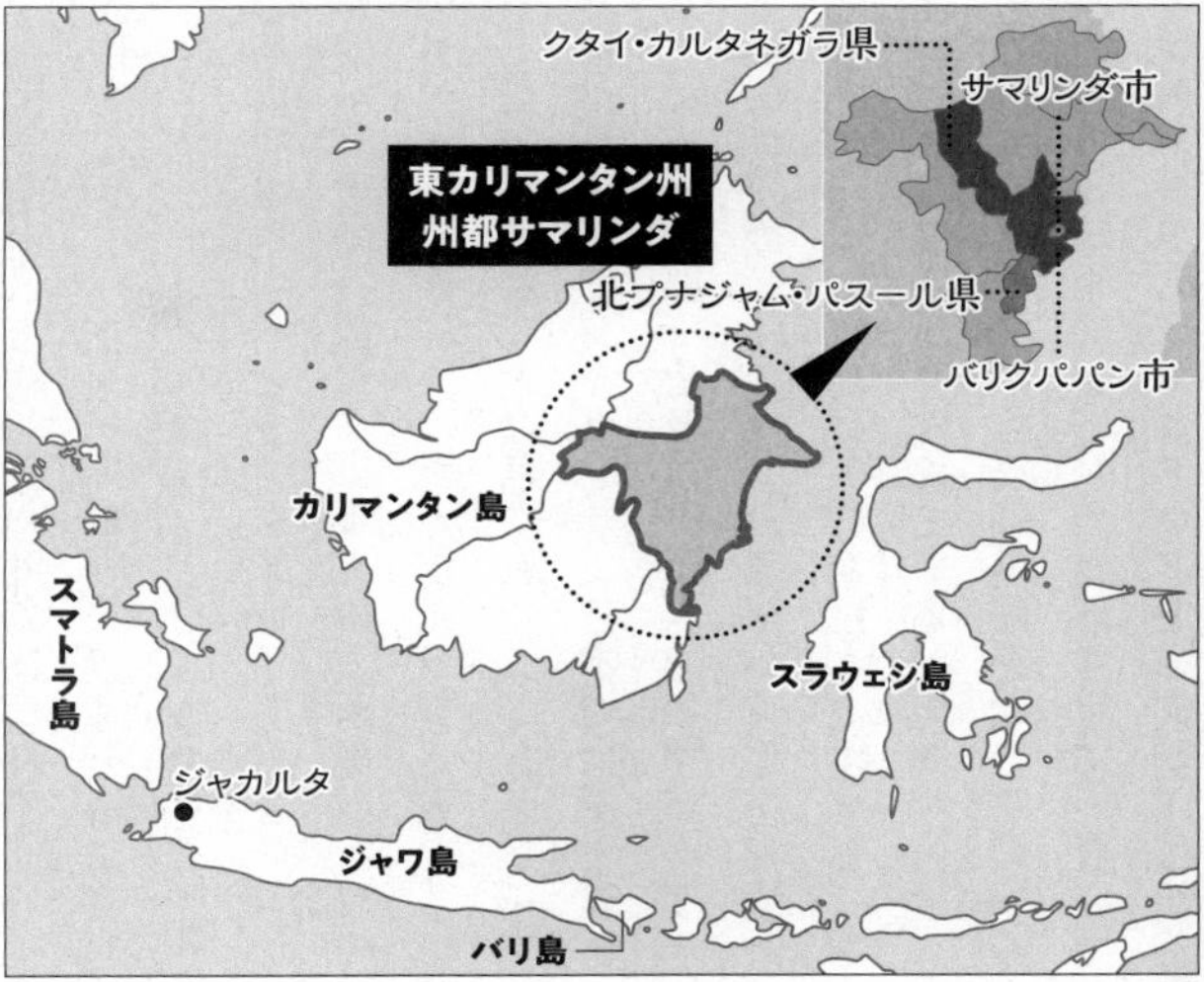

つもの地区がつくられ、人工湖などが配された明るい町だ。日本人の感覚からしても受け入れやすいイメージだと思う。黒川紀章設計のクアラルンプール国際空港からも近い。

首相府、外務省、財務省、最高裁判所などが移転し、人口は10万人ほど。王宮はクアラルンプールだが、離宮はある。

プトラジャヤ、クアラルンプール、クアラルンプール国際空港の間は高速道路の整備が進められており、車でクアラルンプールとは45分程度、クアラルンプール国際空港とも約30分程度で結ばれている。クアラルンプールからプトラジャヤを経由してクアラルンプール国際空港を結ぶ高速鉄道も開通している。

インドネシアは「島嶼《とうしょ》部インド」（ネシアは群島国の意）というギリシャ語風の英語の通俗的表現を、オランダ領東インドといわれるよりましなので独立派が使った。

インドネシアの首都ジャカルタは、西部ジャワの山間にある盆地にあって栄えた小王国の外港だったが、いったんポルトガル人の手に渡ったのを奪還したときに、ジャカルタ（偉大な勝利）と命名された（１５２７年）。

これがなまってジャカトラ（日本ではジャガタラ）となったが、オランダ時代はバタビア（ラテン語でオランダ民族を表すバタウィに由来）とされていた。交通渋滞がひどいので、カリマンタン島東部へ首都を移す計画が進んでいる。

そもそも、ジャワ島は人口密度が高すぎる。さらに、ジャカルタは湿地で、年平均1～15センチメートル沈んでいる。町の半分近くが海抜ゼロメートル地帯だ。交通渋滞もひどく、世界で最も交通混雑を起こしている。３０００万人が暮らす首都圏では下水の2～4パーセントしか処理されていない。

インドネシアのジョコ・ウィドド大統領は新首都の最適地として、東カリマンタン州の主要都市バリクパパン近郊を選定し、首都移転にかかる費用は、466兆ルピア（約3兆7000億円）とし、2024年中には政府機関の移転を開始する計画だ。ただし、コロナ禍で少し遅れそうだ。

なお、スラウェシ（セレベス）島も候補だったが、地震、津波、火山噴火などによる自然災害のリスクが少ないこと、全国土の中央に位置すること、地方都市近郊にあり、インフラがそこそこ整っていること等を挙げてカリマンタン島とした。

ジャカルタでは、コタが、オランダ統治時代の建築物が残る旧市街。ファタヒラ広場には、旧バタビア市庁舎（ジャカルタ歴史博物館）など。独立記念塔（モナス）があるのがムルデカ広場。郊外のラグナン動物園にはインドネシアの珍しい動物がいる。最大のモスクはイスティクラル・モスクで、カトリックのカテドラルもある。

グルメ　日本でも人気の「ナシゴーレン」はインドネシア風チャーハン。チリソースの「サンバル」、しょうゆベースの甘めのタレ「ケチャップマニス」などの味付けで、唐辛子や鶏肉、エビなどが具で、「クルプック」というエビせんべいがついたりする。「サテ」は焼き鳥のようなもので、ピーナッツやケチャップマニスを使って甘辛い。

41 バンコク（タイ王国）と東南アジア諸国

大河の水辺に花咲く東南アジアの都

◉現地での呼称
クルンテープ

◉人口
1054万人

タイはかつてシャムと呼ばれていたが、一部部族を指す呼び名にすぎないので不都合だと、１９３９年になってタイに改めた。もっとも、英語ではタイランド、地元ではムアンタイというのが普通だ。

首都であるバンコクは、国内では「天使の都」を意味するクルンテープという名で呼ばれている。ただし、正式名称は、「エメラルド仏が宿り、化身した神が宿る、インドラ神とビシュヌ神によって創られた偉大な天使の都」という長いもの。

バンコクというのは、現地人がオリーブに似たタマゴノキの名前を話しているのをポルトガル人が地名だと思って付けたそうだ。メナム川の河口近くにある水の都で、メナムは川を意味する一般名詞で、現地ではメナム・チャオプラヤという。ワット・プラ・ケオ（王宮寺院）、暁の寺（ワット・アルン）、ワット・ポーの涅槃《ねはん》仏、ワット・パークナム、タリンチャン水上マーケットなどが人気。

水上マーケットも多いバンコク

ベトナムの首都ハノイは唐の時代に安南都護府があった場所で、ここの長官に阿倍仲麻呂が赴任したことで知られる。11世紀には大越国の首都としてタンロン（昇竜）と呼ばれていた。

漢字では河内と書くが、これは、紅河デルタに位置するからである。トンキン湾から少し離れているが、古代に少し大型の船が遡ることができた限界がこのあたりだった。タンロン城遺跡、ハノイ・カテドラル、ホアンキエム湖、郊外には、「海の桂林」といわれる「ハロン湾」という素晴らしい景勝地がある。

阮《げん》朝時代には中部のフエ（フランス語ではユエ）に都が置かれた。

南ベトナムの首都だったサイゴン（現ホーチミン）は、もともとクメール人の商業都市である。だが、都市としての発展はフランス領コーチシナの中心都市になってからで、フランス人による都市計画が施された。

ラオスの旧王都はルアンプラバンで、「ルアン」は王国、「プラバン」は国の象徴である黄金の仏像のことである。霧に包まれる幽玄な雰囲気の古都で世界遺産でも人気上位だ。ワット・シエントーン寺院、プーシーの丘からの眺望、夜市などが人気。

現在の首都であるビエンチャンは、メコン川の渡し場で、ラーンサーン王国の首都だったこともある。「梅檀《せんだん》の町」という意味。パトゥーサイ（凱旋門）は町のシンボルで、ワット・シーサケット、タート・ルアンといった寺院も知られる。現在ではタイ側と橋も架かり、鉄道も開通した。

カンボジアのヒンドゥー教寺院（のちに仏教寺院になる）であるアンコール・ワットは、王都アンコール・トムの近郊に12世紀から建設されたが、15世紀に東のメコン川とトンレサップ川の合流点に近いプノンペン地方に遷都した。１８６６年から王宮を建設した。王宮や（ポルポト政権による暴虐を伝える）トゥールスレン虐殺博物館などが観光客を集める。

マニラのあるルソン島は「臼《うす》」とか「協同」という意味らしい。首都はマニラから、初代大統領ケソンにちなんだ北側のケソンシティに移されたが、現在ではマニラ、ケソンシティを包含したマニラ首都圏と呼ばれている。

フィリピンでは、世界一周の途中のマゼランが先住民との戦いで死んでいるが、初代総督としてフィリピンへやってきたミゲル・ロペス・デ・レガスピらは中国人やマレー人の商人がいたマニラの立地に着目し、1571年に占領した。レガスピが築いた「イントラムロス」には、サンチャゴ要塞、政庁と大聖堂、サン・アグスティン教会（保存状態がよく初期の姿を留《とど》めている）および中央広場などが設けられ、碁盤の目の市街が建設された。

太平洋戦争で日米の戦場となり灰燼《かいじん》に帰したが復元された。ロハス通りのベイウォークから眺める夕陽、リサール公園も人気。マラカニアン宮殿は大統領官邸で、ここにイメルダ・マルコス夫人が残した靴の一部はマリキナ靴博物館で展示されている。

グルメ　ベトナム料理では生春巻き、タイ料理ではエビのスープである「トムヤムクン」やココナッツを使ったカレー、フィリピンのビール「サン・ミゲル」は東南アジアを代表するビールだ。

42 長安&洛陽

長安と洛陽〜古代中国の都

◉現地での呼称
西安（シーアン）

◉人口
1000万人

中国で古代文明が最初に花開いたのは、黄河の流域である。西の砂漠地帯から運ばれてくる黄土は、鉄器など使わなくとも耕しやすかったのである。

統一王朝の首都も、宋の時代までは、この地域で営まれた。聖代といわれる伝説上の堯舜《ぎょうしゅん》の都は平陽や蒲坂といった山西省南西部にあったとされ、夏《か》は実在したとしたら有名な二里頭遺跡もある河南省の洛陽付近だったようだ。

殷《いん》（商）は、甲骨文字が出土したことで知られる河南省の北東部から河北省南西部あたりなど黄河の下流が中心だ。

周は黄土高原から出た。周の初代武王は殷を滅ぼしたあと、洛陽が天地の中心というべき理想的な場所にあると考え首都を移そうとしたが、要害の地である陝西《せんせい》省を離れられず、成王のときに中原を治める副首都として洛陽を建設した。

さらに、平王の時代に鎬京《こうけい》（長安）を放棄してここを都として洛邑《らくゆう》と称した。その

長安と洛陽

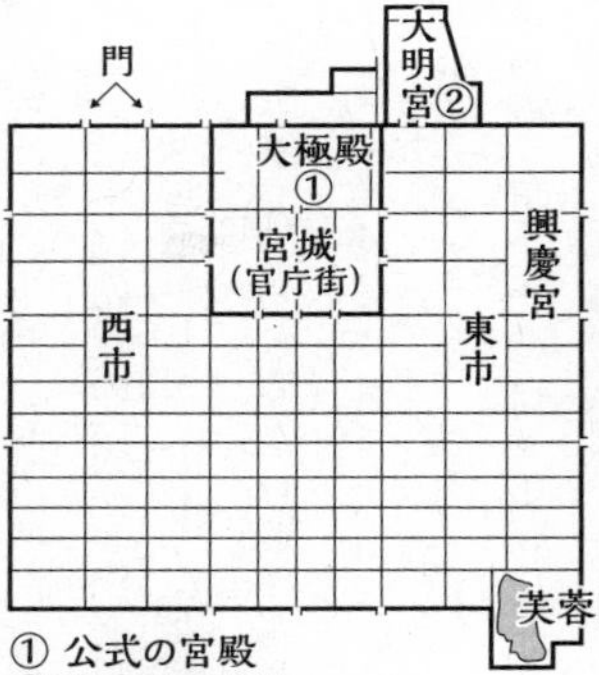

① 公式の宮殿
② 事実上の宮殿

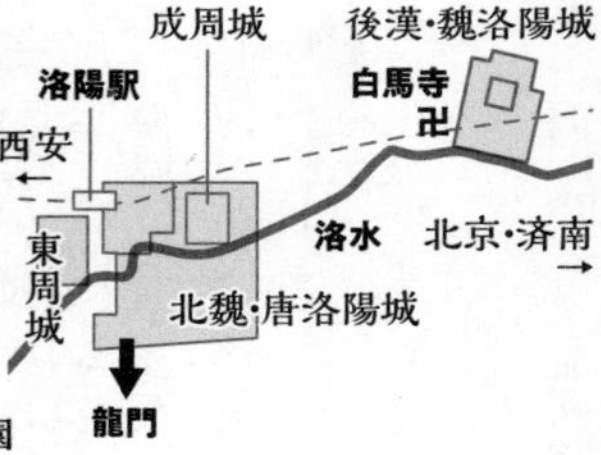

のち、後漢、魏《ぎ》、西晋、北魏、隋、武周、後唐などがここを首都としている（複都のひとつであった時期も含む）。

秦《しん》は統一前から、陝西省の咸陽《かんよう》（長安の北）を本拠とした。漢も周と同様で、前漢の時代には長安を、後漢になると洛陽に移った。三国時代の魏や西晋も引き続き洛陽周辺にあったが、やがて、北方民族に追われて建康（南京）に移り、華北を統一した北魏ははじめ平城（大同）にあったが、洛陽に遷都した。

北魏の重臣から出た隋や唐はいずれも長安を首都とした。しかし、北宋の時代になると、洛陽より東で、大運河の事実上の起点にあたる開封《かいほう》（汴京《べんけい》）が首都となったが、北京の重要性が高まり黄河流域から首都は離れ、北京か南京の選択になっていった。

西安地方は秦嶺山脈の南に漢中と呼ばれる地域があり、北部は延安など黄土高原になっており、それに挟まれて渭水《いすい》盆地（渭河《いが》平原）が広がる。滝廉太郎作曲の「箱根八里」の歌詞で知られる函谷関《かんこくかん》の西側で関中と呼ばれる要害の地である。中原を経営するのは不便も多かった。

遣唐使が訪れた長安（現在の西安）は、隋の文帝が大興城として建設したものだ。北端に宮城を置いたのは、天帝は北極星にある紫微宮《しびきゆう》にすむという道教を活用した理論付けが行われたからである。道路に面した「坊」は高い塀に囲まれ、夜間の出入りは禁止されていた。そのために、大通りには商店もなかった。全体としては南東地域が標高も高く、宮城は低湿地だったので、太宗は北東の大明宮《たいめいきゆう》、玄宗の時代には、南東の一角に興慶宮が建設された。

洛陽の都城も、時代によって少しずつ変化している。周の時代には現在の市内中心部、洛陽駅の西に王城が設けられ、少し離れて東側に被征服民族などを住まわせた成周城があった。

漢の時代から三国時代、南北朝時代には、現在の市街の東の郊外に縦長で長方形の都城が建設され、王宮は町の中に市街地に囲まれて置かれた。中国最古の寺院とされる白馬寺は、その城壁の西側にある。卑弥呼《ひみこ》の使いが来た後漢や魏の都がここで、北魏もここを首都とした。

唐も則天武后がここを都にしたときがあるが、これは、周の時代の二つの城をあわせ、洛水を挟んで建設され、皇居は北西の隅に置かれた。

この皇城からまっすぐ南へ下ると、渓谷地帯に龍門の石窟寺院が穿《うが》たれている。大仏があるが、この毘盧遮那仏《びるしゃなぶつ》は則天武后がモデルだと中国人は信じている。

開封は交通が便利なので、だんだん、洛陽の繁栄を奪った。北宋の時代には、汴京と呼ばれて都になった。ただ、黄河が洪水で流れを変えたことで押し流されてしまって遺跡は残っていない。絵巻物『清明上河図』は、この汴京の風景を描いている。

グルメ　涼皮《リャンピー》はこんにゃく麺のようにプリプリした麺にラー油と香醋《こうず》を絡めて食べるもの。西安では餃子《ギョーザ》も有名で、「徳発長」という店は、さまざまな具材を、その内容に合わせた形にするが、これが思いのほかおいしい。また、ウイグル街があって本格的な羊料理が食べられる。

43 南京（中華民国）＆北京

北京と南京〜近代中国の都

◉現地での呼称
ナンチン

◉人口
823万人

北京と南京が対等の形で並び立ったのが明朝における永楽帝の時代である。大都（北京）を首都とした元を倒した洪武帝（朱元璋）は南京を首都としたが、嫡男の皇太子は父より先に死んだので、孫の建文帝が二代目の皇帝になった。

それに対して北京の太守だった永楽帝が反旗を翻し、皇帝となり、のちに、北京に遷都した。モンゴルの脅威に対抗するためには、北方に強力な軍団を置いておく必要がある。しかし、その軍団は皇帝にとっても脅威となるというジレンマを解決するためには、国土のなかで偏っていても北方に首都を置いた方がいいというわけだ。

しかし、明では南京にも特別な地位を与え、北京を順天府としたのに対して南京を応天府と位置づけた。

ついで清代の末には、太平天国の乱で洪秀全《こうしゆうぜん》は、南京を天王府として首都とした。しかし、孫文《そんぶん》は南京に中華民国を建国した。しかし、その孫文から臨時総統を譲られた袁《えん》

南京と北京中南海

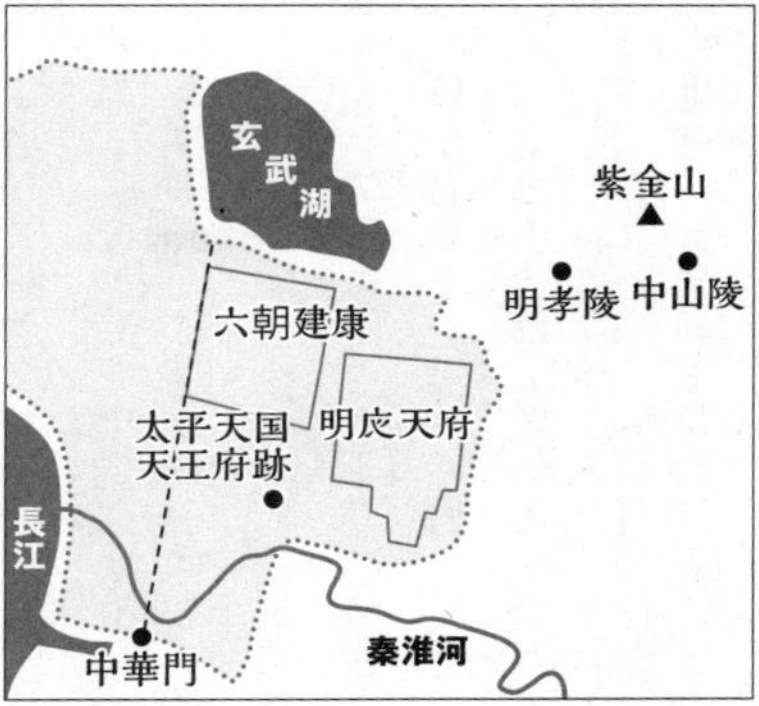

中南海略図

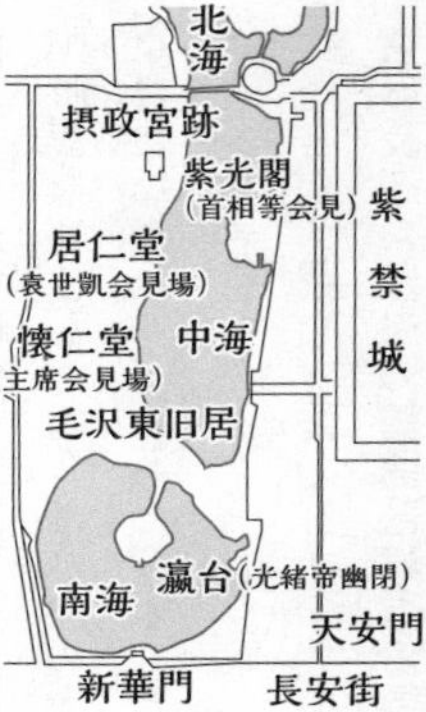

世凱《せいがい》は、約束を破って北京に留まったが、1928年に北伐で政権をとった蒋介石《しょうかいせき》は南京に戻した。

だが、毛沢東《もうたくとう》が政権を握ったことにより、またもや北京が首都になったが、台湾に逃れた中華民国では台北を臨時政府所在地として、あくまでも首都は南京だという立場で（民進党政権になってあまり言わなくなったが）、北京を北平と呼んだりする。

北京はもともと春秋戦国時代の燕《えん》の都であり、幽州と呼ばれたこともある。漢民族の住む中原と遊牧民族が暮らす草原の境界にあり、金の首都となり、元ではフビライが大都として帝国の首都にした。そして、明の時代には現在見るような形の万里の長城が北の郊外に築かれて北方に備えた。

北京は、長安や京都と同じように長方形で皇城である紫禁城が北の端にある。その一番外側の門が天安門である。この門の上で中華人民共和国の建国宣言が行われたがそのときの広場は狭く、のちに拡張された。

映画『ラストエンペラー』の舞台となる時代にも、溥儀《ふぎ》が退位の時の条件として、紫禁城に住むことを認められた。そこで、中華民国総統となった袁世凱は、紫禁城の西にある北海、中海、南海といわれる離宮のうち、中海と南海を塀で囲んで中南海といわれる区域にしてそこに住み、政治の中心地とし、それを毛沢東が引き継いだ。いわばモスクワのクレムリンに当たる地域で、要人の記者会見などは、ここか、あるいは天安門広場に面した人民大会堂でする。

三国時代を統一した西晋は華北の支配を維持できず、一族が建康（南京）を首都とした東晋となった。そのあと、宋、斉、梁、陳と隋による統一まで南朝と呼ばれる王朝がここを首都とした。それに三国時代の呉《ご》を含めて六朝と呼ぶ（呉時代は建業）。王羲之《おうぎし》などが活躍し、倭《わ》の五王の使いが盛んに建康を訪れたのである。

南京は長江の左岸の湾曲部にある要害の地である。市街地の東側に紫金山（448

メートル）が聳え、山中に洪武帝の明孝陵や中山陵、蔣介石夫妻が住んでいた美齢宮がある。その西側の麓に明の応天府は営まれ、六朝時代の建康はもう少し西の長江に近い地区である。

その南側は秦淮河《しんわいが》沿いに水路が多い下町が拡がり、大阪の道頓堀周辺のようである。太平天国の乱のときの洪秀全の政府は、この下町と建業の中心との中間的な場所にあった。中華人民共和国のもとでは、南京は江蘇省の省都に過ぎないが、文教都市としては健在だ。大学の学生数では北京に次いでいる。

アリババの本社がある浙江省の杭州は、南宋の首都臨安である。名勝西湖のほとりにある風光明媚な都市で、詩人の白楽天《はくらくてん》や蘇東坡《そとうば》もこの地に官僚として赴任した。

グルメ　北京ではアヒルを焼いた北京ダックが名物。本来は皮だけ楽しむもの。南京では、塩水鴨という塩漬けのアヒルや、鴨血粉絲湯という鴨の血や砂嚢《さのう》、腸、肝を使ったスープに春雨が入っているものが人気。杭州は龍井茶という中国緑茶の産地でもあり、東坡肉《トンポーロー》（豚の角煮）は蘇東坡に因む。

44

新京（満州国）

日本人が植民地で建設した都市

◉現地での呼称
長春（チャンチュン）

◉人口
749万人

明治時代の日本は、江戸時代には十分な支配体制が確立していなかった蝦夷地《えぞち》や、薩摩藩支配下の独立王国という位置づけだった琉球を完全併合、朝鮮や台湾を獲得し、京城（ソウル）や台北に総督府を、樺太《からふと》には樺太庁を置いた。

植民地かどうかというのは、植民地という言葉が法律用語でないのでどうとでもいえるが、インドがイギリスの植民地であったのと同じ意味での植民地ではなく、段階的に内地化していくべき土地という位置づけだった。朝鮮の人も日本に住めば参政権があったが、香港人はイギリスに住んでも参政権はない。沖縄や北海道も最初から代議士を選出できたわけではない。

さらに、租借地だった関東州の大連も魅力的な大都会とし、満州国では首都新京（現在の長春）の建設を助けた。これらの中心都市も一種の首都として俯瞰《ふかん》する。

明治政府による最初の新都市建設は、北海道の札幌であり、その経験が元になって

新京（満州）

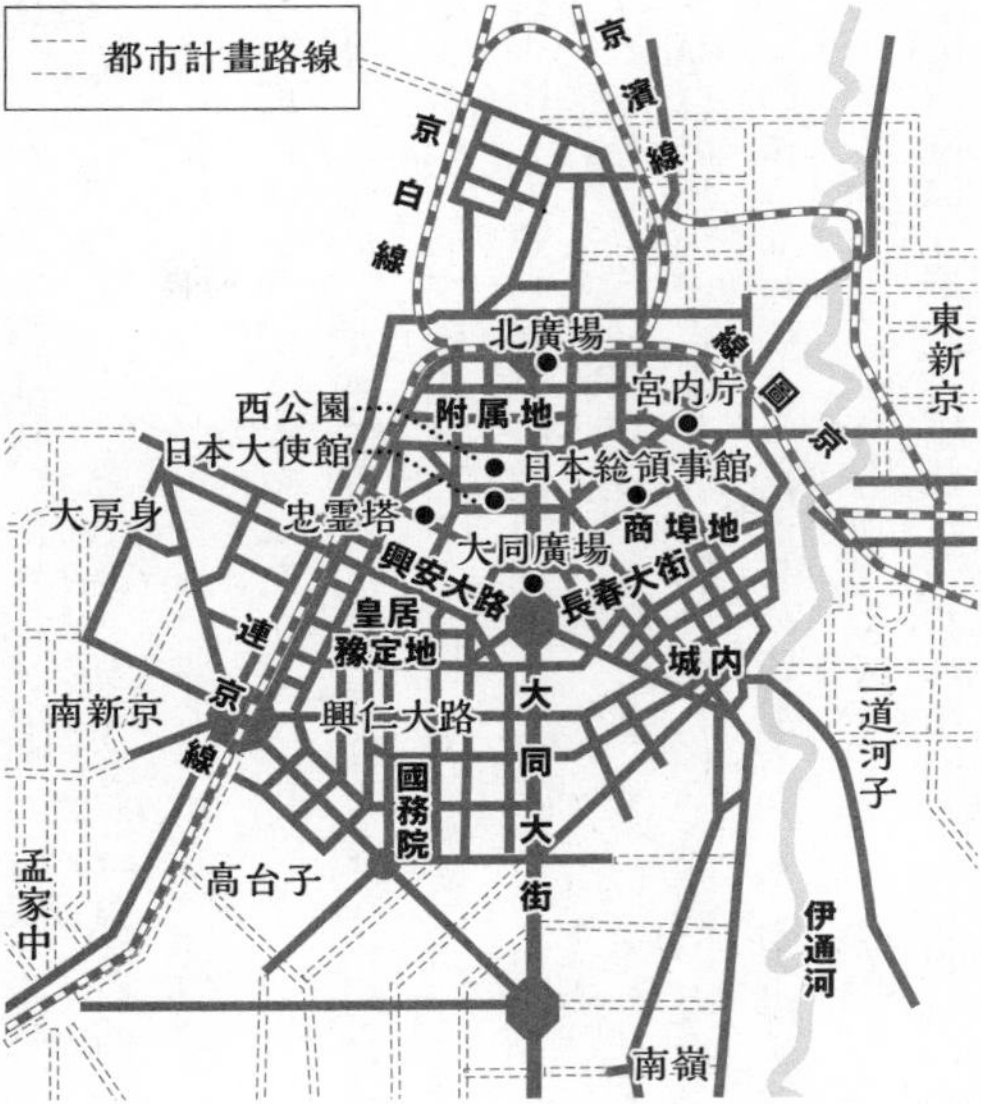

いる。札幌については、『日本史が面白くなる47都道府県県庁所在地誕生の謎』に書いたのでそちらに譲るが、京都に倣った碁盤の目のプランで、官民の領域を分け、防火帯でもあった大通公園がアクセントとなっていた。

台北では、1907年に台湾総督府新庁舎について、日本初の正式な設計コンペが行われた。東京駅を設計した辰野金吾《たつのきんご》の弟子である長野宇平治《ながのうへいじ》の基本設計案が甲賞なしの乙賞に選ばれ、辰野らが中央塔の高さを60メートルにするなど修正して着工され、1919年に完成した。現在でも「中華民国総統府」として現役である。

大連と新京も日本人が建設した都市である。大連はロシアが租借した時代にパリのような都市プランが立てられたが、建設はほとんど日本が租借してからである。

ヤマトホテル（大連賓館）、満鉄本社（大連鉄路分局）、市役所（中国工商銀行）、横浜正金銀行（中国銀行）、大連駅、満鉄大連医院（大連鉄路医院）、大連第二埠頭船客待合所、大連・満鉄埠頭事務所などが残っている。大連駅は東京の上野駅にそっくりだ。

新京は満州国の首都として建設された。満鉄の要地であった長春の南西郊外にワシントンのような規模とイメージの新都市として、構想では新宮殿の前に順天大街が通り、その左右に官庁街が建設される予定だったが、新宮殿は途中で工事が中止された。

皇帝溥儀は、満鉄付属地といわれた旧市街の北東にあった仮宮殿に最後までいた。吉林・黒竜江省の塩専売局だったものを大幅に改変したもので、現在は皇宮博物院になっている。関東軍司令部は中国共産党委員会に、満州国軍事部は吉林大学医科大学病院、中央銀行は中国人民銀行の支店になった。興亜様式といって、日本の帝冠様式と同じように鉄筋コンクリートの建物に、瓦屋根が載っている。

また、北京を近代都市にすべく努力したのも日本占領時代で、城壁を取り払うなどした。のちに京都市長となった今川正彦《いまがわまさひこ》もその中心的人物の一人であった。また朝鮮においては、京城を見違えるような近代都市に変貌させたが、それについては、次項で論じる。

しばしば、首都移転問題などで、日本人には、まったく新しい都市を建設した経験などないし、そういう人工都市はあまり好きではないという意見も出るが、こうした外地での実績をみたら、それが不当な評価であることは間違いない。

日本の県庁所在地のほとんどは、主として豊臣政権とその残党である江戸大名によって新都市として建設されたものだ。明治政府は、財政難もあってこれらの都市をそのまま使ったが、それらがいまも機能を維持しているのは、皮肉にも関東大震災や戦災のお陰である。

グルメ 満州での経験は日本の料理文化にも大きな痕跡を残している。餃子はこの地域の人々がとくに好むが、主として水餃子でむしろ主食だ。それを皮を薄くしてご飯のおかずにしたのが、日本独特に近い焼き餃子だ。

45 ソウル&世宗（大韓民国）

韓国の首都移転は憲法裁判所が阻止

◉現地での呼称
ソウル

◉人口
793万人

百済《くだら》時代の初期の首都は、漢江《ハンガン》に面した慰礼城で、その後も重要拠点だったが、李氏朝鮮になって首都は漢城となった。

王宮の中心だった景福宮は、文禄慶長の役のときに民衆の略奪にあって焼かれてしまった（念を押しておくが、日本軍が焼いたのではなく圧政に苦しんでいた民衆が焼いたのである）。

その後は、その東側にある昌徳宮が使われていたが、最後の朝鮮国王となった高宗の父である大院君が再建した。ただ、そのコストが財政を圧迫して王国の力を大いに弱めた。高宗は現在の徳寿宮（市内にあって洋館である）を、純宗が昌徳宮を使っていた。日韓併合後は、景福宮の南の部分に巨大な総督府が建設されたが（1916年着工、1926年完成）、景福宮は主要部分がその背後に保存された。

しばしばこれを暴挙というが、このころ景福宮は王宮として使われていなかった。

韓国の首都機能移転

また、日本各地の城でも全ての建築が保存されたものはなく、戦災までもっとも保存状態が良かったのが名古屋城と姫路城であり、京都御所や江戸城でも多くの建物が撤去されて主要部分だけが残されている。

また、景福宮では1929年に大博覧会を開き、朝鮮の人々が故宮を親しく観覧する機会を総督府はわざわざ設けているくらいだ。

全般的にいって、十分に朝鮮王国の歴史に配慮したといえる。そもそも、李氏朝鮮が顧みなかった朝鮮文化の独自性に着目し、それを保護し、また発展させたり、文化財の修復を進めたのは朝鮮総督府である。総督府は戦後になっても中央政庁として利用されていたが、1986年には国立中央博物館とされ、1996年には解体された。日本統治時代の京城のメーンストリートは、総督府前のシャンゼリゼのような大通りでまっすぐ南下すると徳寿宮前の広場に京城府庁があった。少し前までソウル市役所で、新庁舎建設に伴い取り壊しとか、外観だけ保存とか論争があったが、維持されることになった。

そして、少し西に曲がって南下すると南大門（近年に放火で焼失し再建）を通り、東京駅に似た京城駅に達した。この駅舎は現在も健在である。

現在のソウルでは、大統領官邸は景福宮の裏山にある青瓦台で、国会は漢江の中州である汝矣島《ヨイド》にある。

ソウル一極集中が進むことによる弊害も大きく、また、南北の軍事境界線に近く、しかも、漢江が背後にある形で、朝鮮戦争時には橋を落として退却し、渡っている多くの人まで犠牲にした反省もあり、漢江の南側の郊外に機能移転もしている。

さらに、盧武鉉大統領のときに忠清南道の世宗特別自治市に遷都しようとしたが、保守派が多数を占めていた憲法裁判所に、ソウルが首都であるのは憲法秩序の一部であるので、憲法改正が必要とされてしまった。しかし、かなり大きな規模の省庁移転が進められ、ソウルとは新幹線で結ばれている。

韓国の伝統的な首都については、『古代史が面白くなる「地名」の秘密』で詳しく論じたので概要だけ書くが、古代新羅《しらぎ》の首都は金城（現在の慶尚北道慶州）である。その建設には倭人が深く関わった（新羅の初代の宰相と三つの王家のひとつは倭人）。百済は慰礼城を高句麗《こうくり》に落とされたあとは、雄略《ゆうりやく》天皇から忠清南道の熊津（現在の公州）を与えられて移り（『日本書紀』による）、のちに扶余に移り、そこで（新羅でなく）唐に滅ぼされた。

高句麗は国内城（中国吉林省集安市）、ついで丸都山城に移った。好太王碑はここにある。しかし、427年に平壌に遷都した。

平壌は大同江の北岸に位置し、漢が楽浪郡を置いてこの地方の中心とし、高麗時代には副都的な存在だった。金日成ら三世代の指導者によってモニュメンタルな建築が建てられマスゲームが繰り広げられてきた。

高麗は黄海道の開城《ケソン》を首都とした。現在は北朝鮮領内である。

グルメ 韓国料理のうち焼き肉は、戦後、大阪の在日朝鮮人がホルモン焼きから派生させて生んだもので、大阪在日朝鮮料理というべきものである。

COLUMN 06

世界でも特異な日本の呼び出し行政

日本で東京一極集中が進む最大の要因のひとつは、「呼び出し行政」という慣行だ。何かというと中央の省庁に呼び出されたり、陳情のために東京に出かけなくてはならない。

しかも、その費用も地方の人持ちだ。ドイツでは、公的な会議やセミナーでは、主催者側が旅費を持つし、アメリカでも遠距離の場合はそうだ。だから、むやみに呼び出さないし、説明会でも各地で分散開催したりする。

これは、とくに西日本の人に不利だ。そもそも、47都道府県の真ん中だったら福井・滋賀・三重なのであるから、東京だけで開催することは合理的でないのに、余計な時間とコストを課せられる。

もっとも、最近はネット社会の進展で、会議や説明会もネット上で行われるし、役所の文書もネットで瞬時にとれるようになった。かつて、文書を郵送したり、ファックスで送っていた時代とは様変わりである。コロナのけがの功名でさらにそれは進展している。

しかし、日本では公的部門ほど新しい通信手段の導入が遅い。また、IT弱者に配慮しすぎるが、そのことが、地方の人にとって不利をもたらすことも多い。直接役所に出向いて届けることを許すことが遠隔地の人に不利をもたらすのである。

文化庁の京都への移転、消費者庁の徳島移転の議論のなかで、東京の関係者に不便にならないような工夫をするというようなことが議論されていた。

そこで東京の不便にならないように取られる工夫が、ほかの省庁でも地方の人にとって不便にならないように普及するならいいことかもしれない。だが、むしろ、そういう工夫はせずに、東京の人に地方の人が被っている不便さを体験してもらったほうがよいと思うのである。

第6章

日本

Japan

46 奈良と古代の都

そうして大和で日本は建国された

◉現地での呼称
平城京

◉人口
5万～10万人
（当時）

日本国家が生まれたのは、大和国、現在の奈良県である。大和川、紀ノ川、木津川、熊野川の流域に分かれるが、大和朝廷が生まれ育ったのは、大和川上流にあたる初瀬《はつせ》川の流域で、その後、支流である佐保川流域の奈良市付近に発展していった。

初期の水田耕作に向いたゆるやかに水が流れる傾斜地で、しかも、小型の船なら大阪湾から遡ってくることも可能だった。歴代天皇の宮都は、藤原京から平城京に移るまでは、滋賀、大阪、京都の近隣府県に移った短い時期を別にすれば一貫してこの地域のあちこちに、御代が代わるごとに引っ越しを繰り返した。豪族たちは、それぞれの本拠地から、定期的に宮に通ったようだ。

天皇家は、神武天皇からしばらくは南西部の橿原《かしはら》市から御所《ごせ》市にかけて拡がる葛《かつら》城《ぎ》地方のみの領主であり、第10代の崇神《すじん》天皇に至って大和を統一して三輪山の麓あたりに移り、雄略天皇など倭の五王が中国南朝に使節を出した時代には、桜井市中南部

古代の宮都

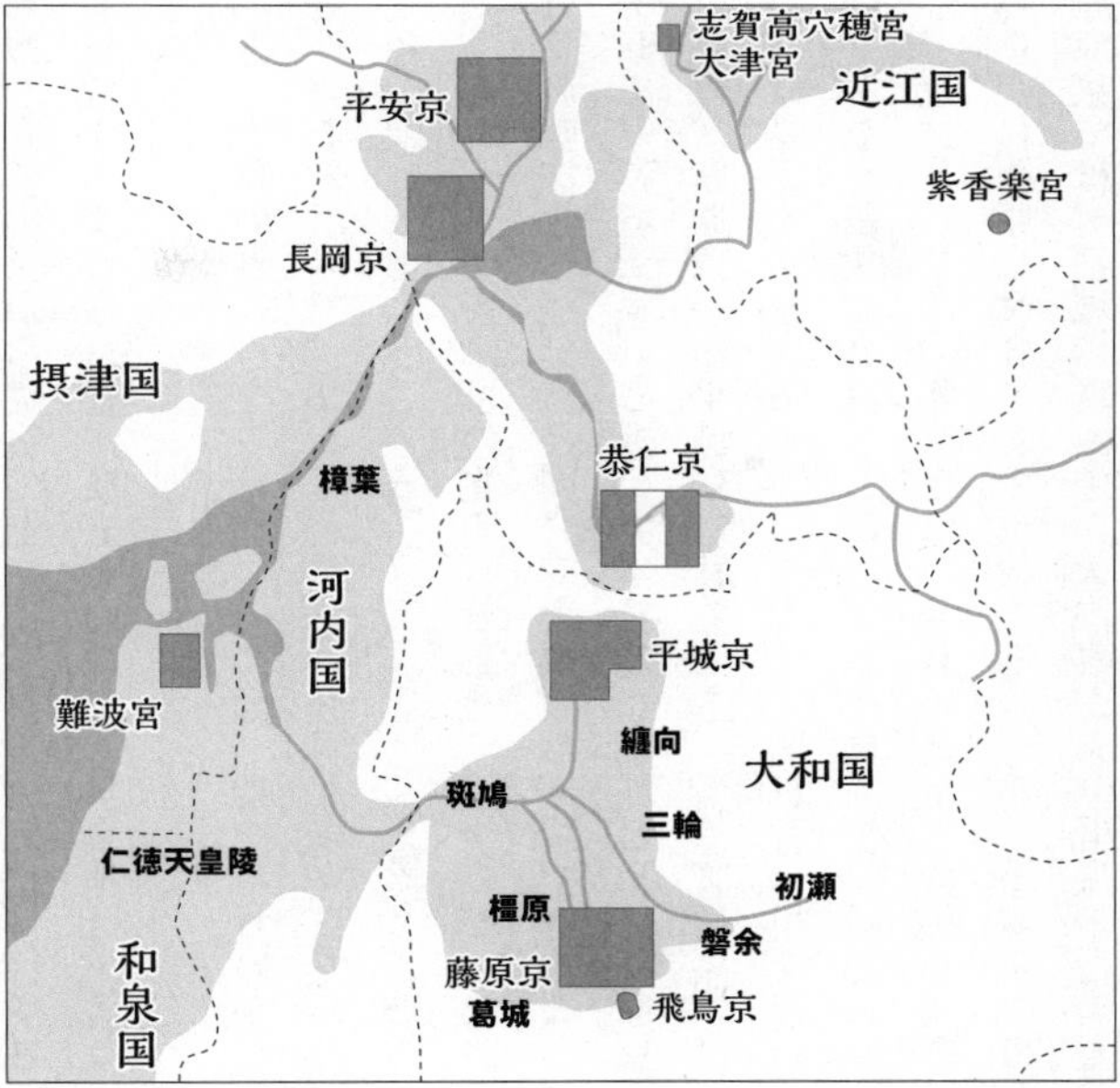

の磐余《いわれ》・初瀬方面にあったと『日本書紀』に書かれている。

次に、飛鳥地方が中心となり、舒明《じょめい》天皇の飛鳥岡本宮と同じ場所には、皇極天皇の板蓋《いたぶき》宮、天武天皇の飛鳥浄《きよ》御原《みはら》宮が営まれた。

国際交流が活発になると外国人に恥ずかしくない施設が好ましい。また、律令制に近づくにつれて官僚機構が肥大化し、仏教建築の影響で掘っ立て小屋から礎石の上に瓦屋根の建築に移行するなどして、飛鳥寺あたりまでも包含するような宮都が成立した。この飛鳥地区を倭京などと呼んだこともあるようである。

一方、大和の外に宮を設けた場合には、豪族たちのかなりも宮の近くに住んだのであろう。その意味で、なんらかの都市計画が成立していたのではないか。

大和の国外に宮を営んだ最初は、景行・成務・仲哀天皇の志賀高穴穂宮《しがのたかあなほのみや》（大津市穴太《あのう》。天智天皇の大津京の北側）であって、ついで、仁徳天皇などの難波高津宮《たかつのみや》（孝徳天皇の難波長柄豊碕宮《ながらのとよさき》と同じで大阪城の南隣。応神天皇の大隅宮も近隣か）である。

そして、持統天皇のときに、本格的な都城として藤原京が建設された。のちに、元明天皇は、藤原京から平城京に移るとき、「飛ぶ鳥の明日香の里を置きて去なば　君があたりは見えずかもあらむ」。つまり、「明日香の里を置いて、奈良の都に行ってしまえば、あなたが住んでいるところはもう見えないのでしょうね」という歌を詠んでいるが、意識としては、藤原京は「飛鳥の地」の新都心開発だったということである。飛鳥京から藤原京は3・4キロメートルだが、平城京へは9・1キロメートルである。

藤原京では、都城の真ん中に大内裏《だいだいり》があり低湿地だったし、測量にも不備があったりしたので、７１０年、元明天皇のときに、奈良盆地の北の端で、大内裏を都城の北の端に置くと、緩やかに北から南に傾斜していて排水も有利な平城京に移った。

しかし、その弱点は水運だった。人口が多くなると物資の運び込みも、廃棄物の排出にも苦労した。また、多すぎる寺院はコストアップの原因だった。

難波宮を副都として併用し、北側の山を越えた木津川の畔《ほとり》の恭仁《くに》京と機能分担する。仏教の都として紫香楽宮《しがらきのみや》に大仏をつくるなど、模索したが、最終的には、水運が便利で大阪湾から大型船も遡上できる山城北部に遷都した。

最初は水運を重視して長岡京が候補になったが、このあたりは水害に大変弱かったし、地盤も悪かった。そこで、水運はやや劣るが、自然災害に強く居住性も高い、平安京の地が選ばれて、７９４年に桓武天皇がここに遷都した。

豆知識 邪馬台国は北九州であろう。『日本書紀』での歴代天皇の事績と系図は、長すぎる寿命を補正すれば不自然はなく、大和を統一した崇神天皇は卑弥呼の少しあと、大和朝廷の北九州進出はその一世紀後である。倭王武の上表文は、大和朝廷が九州でなく畿内発祥であると明言していて日向出身の神武天皇が大和で建国したという『日本書紀』の記述と一致する。

47 京都と武家の都

京都が千年も都だったわけ

◉現地での呼称
平安京→京

◉人口
30万人
（幕末）

桓武天皇が長岡京の代わりを探していたとき、和気清麻呂《わけのきよまろ》は、天皇を東山の山頂に連れていき葛野郡から愛宕《あたご》郡にかけて広がる平原を見せた。中心部に大きな川がなく洪水の危険も少なそうで、三方を山に囲まれ、「青龍《せいりよう》」「朱雀《すざく》」「白虎《びやっこ》」「玄武《げんぶ》」四神《しじん》相応の地という説明もされた（風水思想は、近世以降の流行で関係ない）。

平安京の設計は、大徳寺の南側にある船岡山の山頂を目印にして、現在は千本通となっている朱雀大路を引いた。北端は現在の一条通で、東は寺町通、西は地下鉄東西線終点の太秦《うずまさ》天神川駅のあたりを通る天神川がひとつの目印、南は東寺の南側を通る九条通で、羅城門があった。標高は、北西がいちばん高い。また、西南地域は湿地が多いので、だんだん東側に市街地が移動していった。

大極殿があったのは、現在の千本丸太町の交差点の真ん中、大内裏の正門にあたる朱雀門は、千本通と二条通の交差点にあった。平安京大内裏は一条と二条のあいだで、

平安京・京都

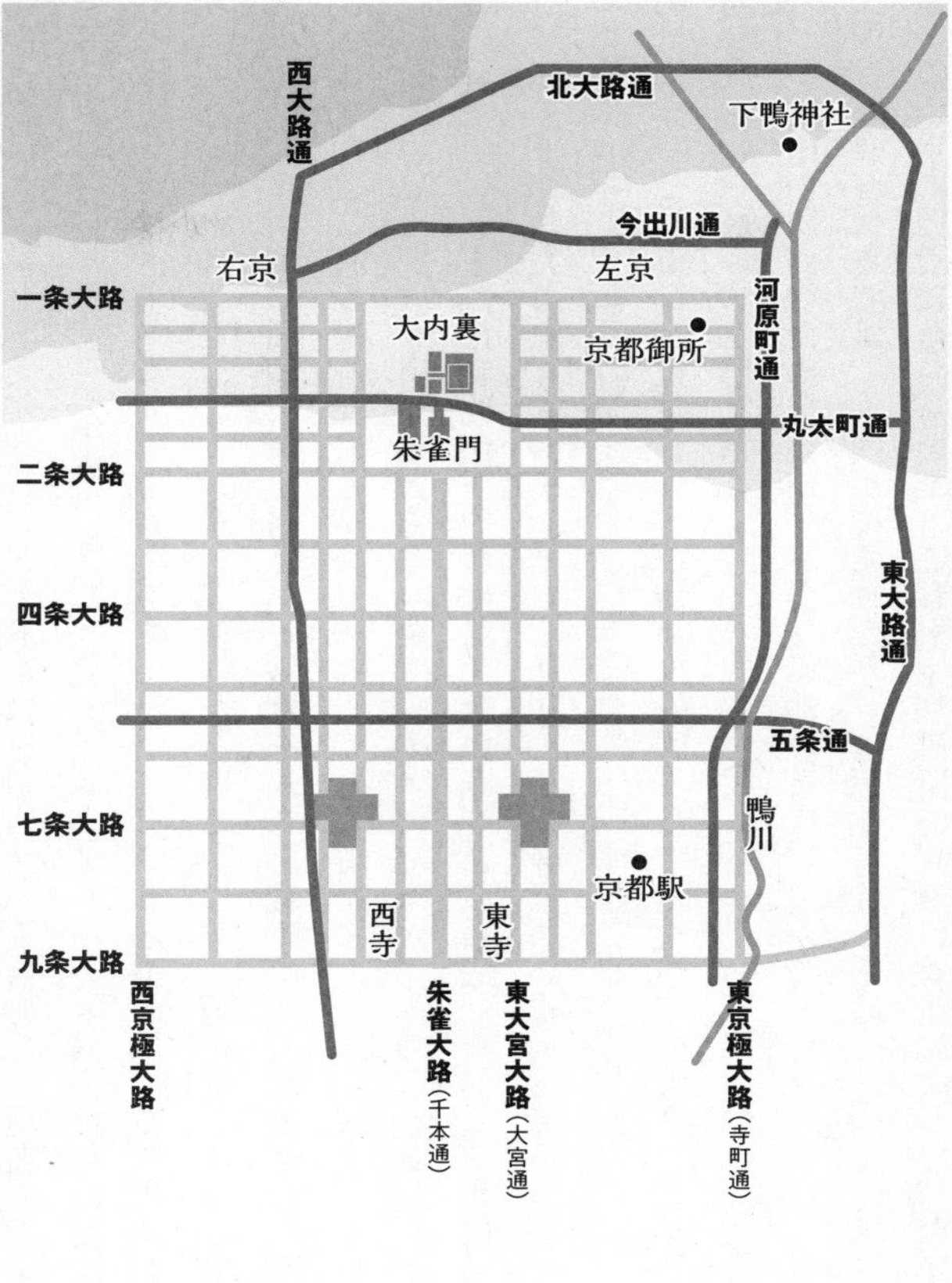
西大路通
北大路通
下鴨神社
今出川通
右京
左京
一条大路
大内裏
京都御所
河原町通
丸太町通
朱雀門
二条大路
東大路通
四条大路
五条通
鴨川
七条大路
京都駅
西寺
東寺
九条大路
西京極大路
朱雀大路（千本通）
東大宮大路（大宮通）
東京極大路（寺町通）

南北の長さは、二条と三条が550メートルに対し約2・5倍ある。現在の五条通は豊臣秀吉が五条橋を六条との中間に移転させたもので、もとの五条通は現在の松原通だ。

もとは、550メートル間隔の大路のあいだに3本の小路が走り、120メートル四方の区画が最小区画だった。しかし、これだと真ん中に空き地ができるので、秀吉の大改造で、市街地の周囲に御土居という城壁を巡らし城下町化したときに、それぞれの区画を南北に貫く道を建設し、縦長の短冊からなる町にした。つまり、狭い間口で、奥行きは原則65メートルほどある「鰻の寝床」の町家が主体の町となった。

この御土居に囲まれた範囲が、いわば洛中ということになる。ただし、北は地形の関係で広く鷹峯あたりまで入っているし、鴨川の反対側は古い市街地でも外側だ。近世の京都は大坂（大阪）、博多などと同じく豊臣型城下町なのである。

明治になると、市電が敷設され、市街地の外周として北大路、西大路、九条通、東大路が成立し、烏丸《からすま》、河原町、千本、七条、四条、丸太町、今出川などが幅を広げられ、戦争中の防火のために堀川、五条、御池など広い道ができた。

御所は鎌倉時代までは、大内裏にあったが、南北朝時代からは、かつての平安京の北東の隅の土御門殿に落ち着いた。これが京都御所で、豊臣秀吉によって、公家屋敷もその周辺に集められた。

明治の東京遷都のあと、京都をどうするか議論があったが、明治13年になって、岩《いわ》倉具視《くらともみ》が主導権をとって、即位礼・大嘗祭を京都で行い、京都を儀典都市として位置づけることで決着を図り、京都御所は保存され、その周囲の公家屋敷は撤去し、京都御苑として整備し、大規模な式典が行えるようにした。

そして、大正と昭和の御大典は京都で行われたが、平成の即位礼は明治天皇の遺志を無視して東京で行われ、そのために、京都御所と御苑の持つ意味は曖昧なものになっている。

ただ、かつての大宮御所が陛下の京都でのお泊まりの場とされ、海外要人のための京都迎賓館が設けられたが、本来は、即位礼を京都に戻し、また、さまざまな施設を御苑内に設けて宮廷文化のセンターとして有意義な利用をすべきだ。

武家の時代の首都機能については、鎌倉時代は国防と治安維持の中心は鎌倉であり、公式の政治と文化と経済の中心は京都だった。室町時代は、幕府が京都に移ってきたので首都機能はすべて京都に戻り、鎌倉が東日本の中心と位置づけられた。

なお、室町幕府の名は、将軍の邸宅と政庁があった時期がもっとも長い、「室町花の御所」に因む。室町通、烏丸通、今出川通、上立売通に囲まれた場所だ。

豊臣秀吉の時代には、大坂（大阪）・京都（聚楽第）、そして最終的には伏見が政治の中心となったが、首都は京都であるというのが一般の意識だった。徳川家康《とくがわいえやす》は、伏見城において将軍宣下を受けしばらく住んだが、やがて駿府に移った。秀忠と家光は将軍宣下こそ伏見城で受けたが、江戸を統治の中心とし、将軍の上洛もなくなった。

だが、幕末になると、将軍も上方に移らざるを得なくなり、家茂は大坂城で死去し、慶喜は将軍である間はずっと二条城にあった。

なお、京都は古くは平安京、中世には「京」、「みやこ」、「京師」などといわれていたが、明治になって京都という呼び名で統一された。洛陽に喩えられることも多く、上洛などと使われる。明治時代には西京という俗称もあった。

豆知識　桓武天皇が都の鎮護のために、大きな将軍像をつくり山頂に埋めたという場所が将軍塚である。将軍像は、国家の大事があると鳴動したという伝説がある。最近、ここに青蓮院が国宝の青不動を本尊とする青龍殿というお堂を建てて、清水《きよみず》の舞台を大型にしたような展望台ができたので、桓武天皇が初めて京都を見た視線を体験できる。

48 戦前の東京市

東京遷都と司馬遼太郎のフィクション

◉現地での呼称
東京市

◉人口
678万人
（廃止時）

「王政復古」というのは、幕府廃止だけが注目されるが、摂関制も解体して天皇のもとで近代国家を建設しようというものだったので、首都についてさまざまな提案がされた。

王政復古の大号令の翌月（慶応4年1月、西暦では1868年2月）には、大久保《おおくぼ》利通《としみち》が「大坂遷都建白書」を提出した。「上下の区別なく国民が力を合わせ新国家を創るため、天皇が簾《みす》の奥におられ少数の殿上人としか会わぬのではなく、仁徳天皇のころのように皇室と国民の間を近づけ、国民の父母としての皇室を確立するべきだ。そのため、外国との交際、富国強兵の観点から浪速への遷都を断行すべき」と提言した。

もっとも、江戸幕府が生き残った場合でも、将軍は幕末には京や大坂にいたので、幕府が公武合体で大坂に移転した可能性もあったわけで、ごく自然な提案だった。ところが、公家衆には、西国を基盤とした平清盛が福原に遷都したり、安徳天皇を屋島や大宰府へ移したことの再現が薩摩の狙いではないかという警戒感があった。

そこで、「とりあえず関東平定のための『車駕親征』として大坂へ移り様子を見よう」ということになった。当時は、京都から江戸に行くには、大坂から蒸気船に乗ることが多かったので、道理があったのだ。このとき大坂滞在は約40日に及んだが、江戸が無血開城となったので、天皇は再び京都に戻った。

その後、東西二都論も出たが、戊辰《ぼしん》戦争の勃発もあり、将来ともに徳川家に江戸城を返すことはないという姿勢を見せるために、9月3日に「江戸は東国第一の要地であるので、これを東京と改称し、自ら赴き政務を見ることにする。自分が国内を一家とし、東日本、西日本を平等に見ようとするからである（車駕東遷）」とされた。

11月4日、御所の建礼門より出発し、同月26日に江戸城に入城して東京城と改称した。だが、戊辰戦争が官軍の勝利に終わり、天皇は京都に帰ろうとしたが、政府トップの三条実美《さんじょうさねとみ》が、「天皇が京都へ帰れば関東の人心を失う。京都、大坂の人々が新政府を恨んでも、数千年にわたり皇室の恵みを受けてきた土地だから心配ないが、関東は古来皇室の恵みを受けることが少なく心配だ」と主張した。

江戸の大名屋敷と現在の用途

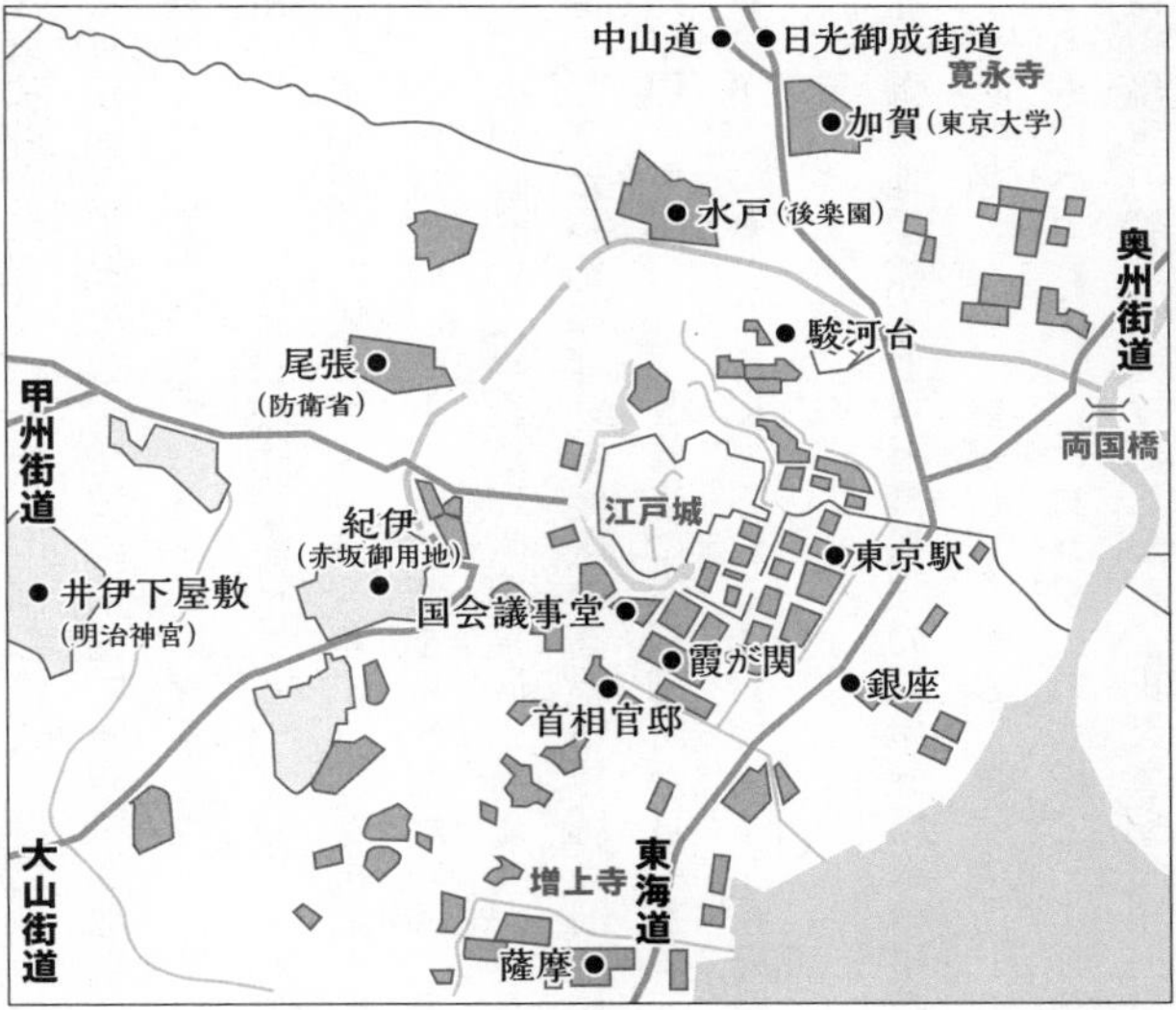

それでも、孝明天皇の三年祭や立后の儀式もあり、1月に京都に戻ったが、三条が再幸を中止すれば東国の騒乱が勃発すると強引に議論をまとめ、翌年4月18日に天皇は再び京都を出発し、5月9日東京入城、太政官も移した。

江戸城では本丸御殿が1863年に焼失していたので、西の丸御殿を御所とした。しかし、それも焼けたので赤坂離宮（紀伊藩邸）に移り、1888年に西の丸に明治宮殿といわれる皇居ができた。外観は京都御所に似ているが、内部は洋式だった。

これが戦災で焼失し、空襲に備えて防空壕も地下に備え、分厚いコンクリートの屋根を備えた「御文庫」がお住まいになり（地下防空壕にお住まいになっていたという誤解があるが、それは都市伝説である）、宮内庁に仮宮殿が設けられたが、1961年に吹上御所が完成し、1968年には、新宮殿が明治宮殿跡地に完成した。平成の陛下は香淳皇太后が吹上御所に留まられたために、東宮御所を赤坂御所と命名されてそのままお住まいだったが、吹上地区に新御所が1993年に完成したので移られた。

上皇陛下は退位に伴い、港区の高輪皇族邸（旧高松宮邸）を改築して移られた。空いた皇居・御所には、改修後に赤坂御所から今上陛下が入られた。赤坂御所改築後に上皇陛下が2022年に移られる予定である。秋篠宮皇嗣殿下は新しい御所を赤坂御用地に建築されて移られる。

赤坂御用地は、もともと御三家の紀伊徳川家の屋敷の跡地であるが、北東部は分離されて迎賓館になっている。もともと、東宮御所として1909年に片山東熊《かたやまとうくま》の設計により建設されたネオ・バロック式の宮殿で、1974年に改修した。また、新宿御苑は環境省所管の公園であるが、大正天皇や昭和天皇の御大葬はここで行われた。

首相官邸は、1929年に旧館が完成し、2005年に現在のものとなった。旧館は首相公邸として使用されている。国会議事堂は、かつては、現在の経済産業省の場所にあったが、1936年に現在地に竣工した。

官庁街である霞が関や国会、首相官邸のある永田町は、かつて大名屋敷が並んでいたところである。大名はだいたい上屋敷、中屋敷、下屋敷を与えられ、そこに江戸詰の武士も住んでいた。

江戸は大阪の兄弟都市のようなものである。大阪は淀川、江戸は利根川の河口に近く、いずれも台地の先端部に築かれ、低湿地を埋め立てて商業地が展開しており、近世都市として選定したのは、いずれも豊臣秀吉である。

昭和の初めまで東京市は山の手は明治通りあたりまでで、新宿駅や渋谷駅も市内ではなかった。

豆知識　司馬遼太郎《しばりようたろう》の短編小説「江戸遷都秘話」には、京都の大久保の自宅に投書があり、大久保が感銘して江戸遷都に踏み切ったと書いてあるが、司馬自身が「これが事実とすれば、ひどくロマンティックだ」と結んでいるように、まったくのフィクションである。前島密《ひそか》の建白書と江戸への遷都の議論とは時期がずれている。

49 現代の東京23区

田中角栄の列島改造と竹下登のふるさと創生

◉現地での呼称
東京都区部

◉人口
970万人

東京遷都のあと首都を移そうという動きはなんどかあった。明治の終わりごろには、もう東国も収まって王化も進んだので、京都に戻るべきだという意見も出た。東京は全国的な人口分布から著しく東に偏っており、朝鮮や台湾に進出することになると、ますます不都合が多くなった。また、東京湾に面し、相模湾や外房方面に上陸されたら防御帯がなく、防空面でも弱い東京は国防上も首都適地ではなかった。

一気に具体化したのは、関東大震災の直後で、陸軍内で検討を命じられた今村均《ひとし》は、①京城（ソウル）南方の南山、②兵庫県の加古川、③八王子という候補地を選んだ。しかし、東京市民が遷都ではないかと騒ぎ、東京の地主の圧力もあって、伊東巳《いとうみ》代治《よじ》や後藤新平《ごとうしんぺい》が主導して、政府は早々に東京が引き続き帝都であるという宣言を出してしまった。

後藤新平内相が先頭に立って、「千載一遇の機会」だと張り切って莫大な費用で帝

東京駅とビル街

都復興計画を進めた。これで、東京は近代的な帝都としての顔を整えたが、首都不適地であることが解消されたわけではなく、太平洋戦争では弱さを露呈した。

　戦後、首都移転が話題になったのは、昭和40年ごろである。建設大臣をつとめ、田《た》中角栄《なかかくえい》の前の建設族のドンだった河野《こうの》一郎《いちろう》は、東海道新幹線の建設、利根川の開発、明石大橋、筑波研究学園都市、国際交流拠点としての京都国際会館などと並べて浜名湖周辺への首都移転を構想した。

　しかし、河野の死とともにスケールの大きい国家デザインは放棄され、全国から東京に便利に行けるようにすればよいという方向に切り替わった。

1960年代から世紀末まで国土計画のドンで関東武士の末裔だという下河辺《しもこうべ》淳《あつし》は、日本の国土と水資源の半分は東京と新潟を結ぶ線より北東にあるのに人口は三分の一しかない、という農業と重厚長大産業時代ならではの論理を唱え、日本の重心を北東方向に移動させるための政策を推進した。

全国は首都東京→ブロック中心都市→県庁所在地というように階層化するように誘導され、そのお陰で福岡や札幌、仙台、それに県庁所在地は成長したが、京阪神や各都道府県のナンバー2都市などは衰退した。

関西文化首都、仙台第二首都（防災のための東京代替）、九州をアジアとの交流拠点とするという構想はもっともらしかったが、すべては、もともと包括的な副首都機能があった京阪神から文化以外においてはその機能を奪おうとするものだった。

このころ大阪や京都は革新府政で、大阪万博後の飛躍のチャンスを失い、目先の生活向上に関心が偏り、とくに、大阪からは、本社機能の流出が止まらなくなった。

一方、田中角栄の「日本列島改造論」もあって、新幹線や高速道路の建設が進み、工場や大学の郊外や地方への移転は実現したが、経済のサービス産業化や工場の海外進出で長続きしなかった。

成長分野は東京へ、衰退分野は地方へというのではうまくいくはずがない。さらに、このささやかな「再配置政策」「地方分散政策」すら、小泉《こいずみ》内閣の2006年に工業再配置促進法の廃止によってとどめを刺され、大学の東京都心回帰や工場の都市部への移動が際立っている。

さらに、竹下政権あたりから、「ふるさと創生」が話題になった。ひとことでいえば市町村単位の話である。ふるさとに誇りを持つ、市町村内とか県庁までの交通を便利にする、ニッチな地元産品の振興を図るというもので、いわば隙間狙い、抜け駆けは可能だが、地方全体の底上げには何の役にも立たないものだった。私は、列島改造は陣笠議員の発想、ふるさと創生は県会議員の発想で国家観に欠けていたと思う。

豆知識　日清戦争中には、通信が不便だったので、大本営が戦場に近い広島に置かれた。広島城本丸御殿跡の第五師団司令部に大本営が置かれ、1894年9月15日から227日のあいだ明治天皇も広島城におられた。10月には第7回帝国議会も西練兵場内に建設された広島臨時仮議事堂で開会された。中電基町ビルのセブン‐イレブン広島県庁前店の前に記念碑（中区基町9‐33）がある。明治の遷都後において本格的に首都機能が東京から外に出た唯一のケースである。

50

首都機能移転の候補地だった3カ所

幻の新首都

the orgins of the capital

1980年代の後半に、中曽根《なかそね》政権は東京を世界都市にするためには、一極集中も厭《いと》わずという政策を展開した。まず、東京を発展させ、その余得で地方にも恩恵が及ぶというものだった。

これが、東京一極集中とバブルの引き金になったので、にわかに首都機能移転問題が盛んになり、私も村田敬次郎、堺屋太一、宇野収《うのおさむ》、須田寛《すだひろし》、水谷研治《みずたにけんじ》、月尾嘉男《つきおよしお》といった方々とともにこの問題のイデオローグの一人としてさまざまな提案をした。

結局、紆余曲折ののち、「国会等の移転に関する法律」が議員立法で制定され、①那須方面（栃木・福島）、②東濃（岐阜・愛知）、③畿央高原（三重・滋賀・京都・奈良）の三つの候補地が選ばれ、15年ほどで国会や主要官庁を移転することが検討されることになった。

那須はブラジリア型、東濃はワシントン型、そして畿央は完全な自己完結型の都市

過去の首都機能移転候補地 等

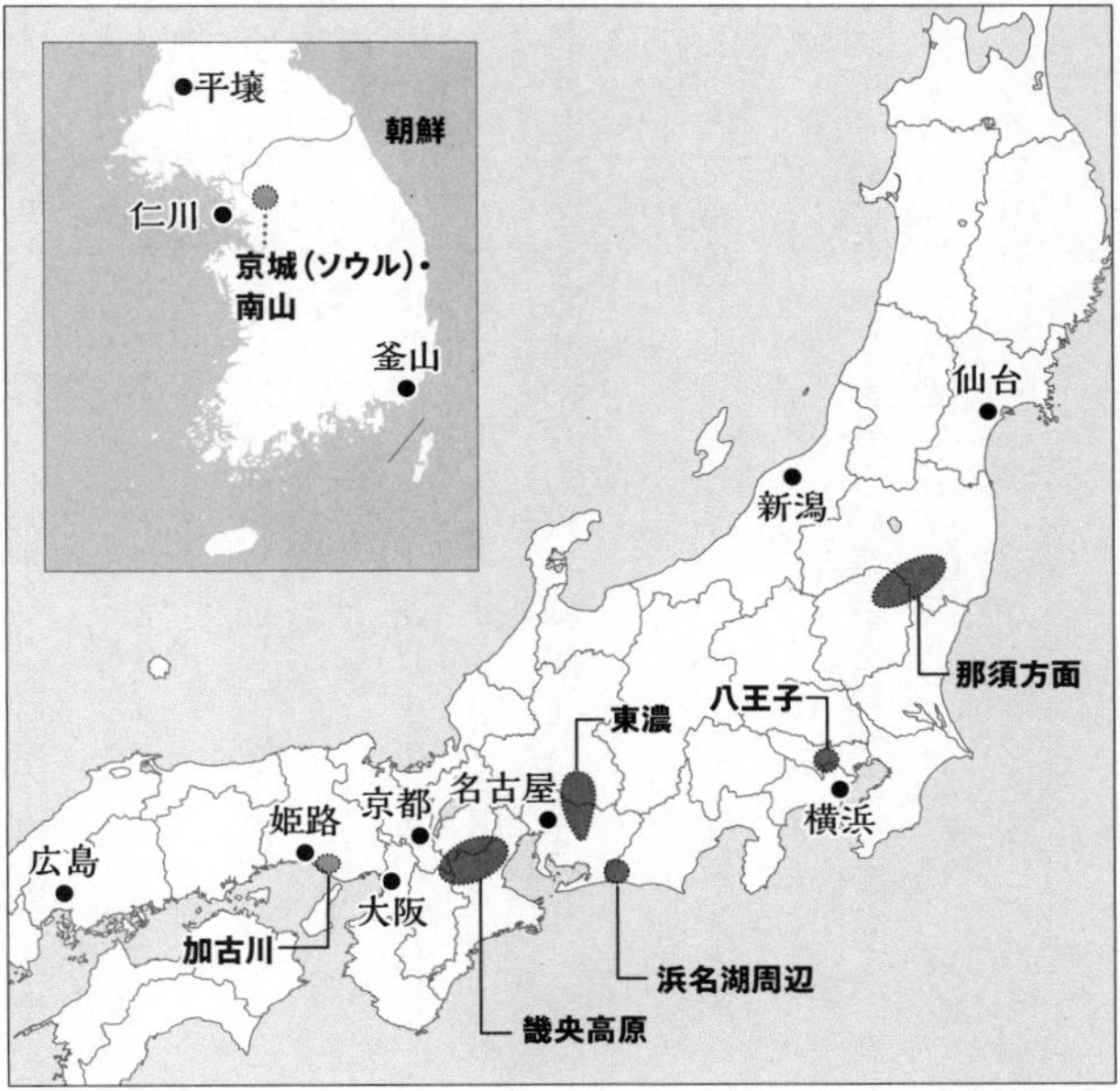

でなく、名古屋や京都・大阪などの機能を補完的に使うボン型のイメージだった。

しかし、バブルの沈静化もあったところへ、橋本《はしもと》龍《りゅう》太《た》郎《ろう》内閣の省庁再編問題が出てきた。そもそも首都機能の移転は、細かい改革を積み重ねるより、それを機にさまざまな制度、組織、習慣を一気につくり直す発想であった。

当然、省庁再編も含

んだので、労多くして得るものが少ない省庁再編だけを先行させるより、首都機能移転のときに一緒にすればいいという発想だったのが、問題先送りと言われて、省庁再編に無駄な労力を使う羽目になり、それで気運が挫折した。

もうひとつあったのは、那須を推した勢力は、もともと、仙台第二首都構想などを提案していた人たちであって、それとの共闘には無理があった。東京が日本の中心でないというなら、東北開発をして西日本から人口を移し、東京を真ん中にすればよいという思想の人たちだったから、そもそもの出発点が違ったのである。しかも、東北は災害が起きても致命的な規模にはならないという、今にして思えば意味不明の意見を主張していた。

また、首都機能移転は道州制や中央リニア新幹線と同時に進めるのが王道のはずだったが、自治省などが道州制は自分たちの管轄だとし、大蔵省はリニアの財政負担を嫌がって初めにリニアありきの議論を嫌った。そして、東北派は東京からの所要時間を新幹線で1時間半程度と恣意的に設定したので、東濃や畿央高原については、岡崎や米原付近で東海道新幹線からの分岐線を建設して対応する案を用意せざるを得なかった。

つまり、現在の首長、地方議員、さらには霞が関幹部の利害と衝突しないように、15年後にリニア新幹線の完成、道州制や基礎自治体の再編、霞が関のスリム化と省庁再編、出張呼び出し型行政の最小化などをワンセットとして新しい国をつくるという現実性の高いシナリオを用意したのだが、さまざまな守旧派によって潰された。

さらに、本人が神奈川県選出で慶応大学出身の小泉純一郎《じゅんいちろう》首相のもとでは、地方の声はますます顧みられなくなり、東京一極集中は進み、大規模な公共事業は否定され、新都市建設といった野心的な発想は、ほかの分野におけるのと同様に忌避され、官僚的でパッチワーク的な国土論しか唱えられなくなった。

そうしたなかで、大阪からは、「現実的な」方策として大阪副都構想とか大阪都構想が唱えられているが、ほかの都市との連携がないのが惜しまれる。

また、そうした現在の状況において、首都機能移転や分散についてどう考えるべきか、少しまとまった形の提案をエピローグとして書いてみたのでご一読いただきたい。

豆知識　リニア中央新幹線は山梨県から長野県の飯田市付近を通り、岐阜県の中津川市付近、名古屋市、三重県の亀山市付近を通る予定であるから、東濃、畿央高原はこれを利用できる。

大阪副都より関西副都の方が支持が拡がる

完全な遷都は別にして、一極集中解消のためには、首都機能を分散することも大事だ。これを分都という。大阪で維新の会が提案している大阪都構想もその一種である。

EU では、それを徹底して三権も別々の場所にあるし、各種の専门機関も次ページの表のように各国に分散して不都合は生じていない。また、国連などの国際機関も、世界中に分散している。

分都的な方向を具体化するなら、まず、東西日本のバランス回復と大阪副都ではなく関西副都をめざすべきだ。明治以来、西日本と日本海側の衰退が続いているが、日本海側の衰退も東京への道は各地から本州横断になるので、国土軸としての日本海が機能しなくなったためである。関西へ行くためには、青森から福井までの国土軸が成立する。

ただ、大阪に東京と同等の機能を与えることには東京などの支持は拡げにくく、京都との協力が不可欠である。

大阪・兵庫・和歌山は西日本が東京の被災時（自然災害だけでなく戦災なども含む）に独自で機能するように、代替機能を持つ受け皿であるべきだ（NHK など体制整備をある程度はしている）。

海外では同じような言語を持つ別の国の手助けもありうるが、日本はそれが期待できないので代替機能は不可欠だ。

京都・奈良・滋賀・中部は中央政府機能や各種行事の分担、緊急時の政府機能の受け皿であるべきだ。東京の人は大阪に首都機能を分担させることを嫌がるが、京都になら納得しやすい。名古屋は、リニアが完成すれば、東京の副都心としても使える。

だいたい、大阪のホテルは緊急時は民间が使うので政府が使うと民间が動けなくなるから、観光客を止めればいいだけの京都のホテルこそ臨時政府の場所には向いているし、陛下にも京都御所に入っていただける。

仙台は東京の東日本中心機能のバックアップを、九州や北海道はそれなりに自立して動ける条件整備をするのがよいと思う。

国際機関の本部所在地

国連(UNO)	ニューヨーク	国連児童基金(UNICEF)	ニューヨーク
世界銀行	ワシントン	国連工業開発機関(UNIDO)	ウィーン
国際刑事警察機構	リヨン	北大西洋条約機構(NATO)	ブリュッセル
英連邦	ロンドン	国連食糧農業機関(FAO)	ローマ
国際司法裁判所	ハーグ	国際海事機関(IMO)	ロンドン
国際労働機関(ILO)	ジュネーブ	世界保健機関(WHO)	ジュネーブ
国際通貨基金(IMF)	ワシントン	経済協力開発機構(OECD)	パリ
ユネスコ	パリ	国際エネルギー機関(IEA)	パリ
国際標準化機構(ISO)	ジュネーブ	国際五輪委員会(IOC)	ローザンヌ
国際刑事裁判所(ICC)	ハーグ	国際サッカー連盟(FIFA)	チューリッヒ
アフリカ連合(AU)	アディスアベバ	国際陸上競技連盟(WA)	モナコ
石油輸出国機構(OPEC)	ウィーン	世界貿易機関(WTO)	ジュネーブ
イスラム協力機構	ジッダ	国際航空運送協会(IATA)	モントリオール

EUの組織

EU事務局	ブリュッセル
欧州議会	ストラスブール
欧州裁判所	ルクセンブルク
労働安全衛生機関	ビルバオ
職業訓練開発センター	テッサロニキ
生活労働条件改善財団	ダブリン
環境機関	コペンハーゲン
研修財団	トリノ
薬物・薬物依存監視センター、海上保安機関	リスボン
医薬品庁*	アムステルダム
知的財産庁	アリカンテ
植物品種庁	アンジェ
諸機関翻訳センター	ルクセンブルク
食品安全機関	パルマ
航空安全機関	ケルン
ネットワーク・情報セキュリティ機関	イラクリオン

疾病予防管理センター	ストックホルム
全地球航法衛星システム監督庁、防衛機関	プラハ&ブリュッセル
鉄道機関	バランシエンヌ&リール
国境沿岸警備機関	ワルシャワ
漁業管理機関	ビーゴ
化学機関	ヘルシンキ
ジェンダー平等研究所	ビリニュス
安全保障研究所、銀行監督局*、証券市場監督局	パリ
衛星センター	トレホン・デ・アルドス
警察大学校*	ブダペスト
刑事警察機構、司法機構	ハーグ
基本権機関	ウィーン
システミックリスク理事会、保険・企業年金監督局	フランクフルト

世界 200 カ国の首都とその特徴（五十音順）

<table>
<tr><td>ウガンダ共和国</td><td>首都カンパラ</td><td>人口 165 万人</td></tr>
<tr><td colspan="3">ビ（ヴィ）クトリア湖の入江の港町。インド洋から通じる鉄道があり交易の中心地。</td></tr>
<tr><td>ウクライナ</td><td>首都キエフ</td><td>人口 297 万人</td></tr>
<tr><td colspan="3">現地語クィーウ。ドニエプル川に面しかつてのキエフ大公国の首都。京都市と姉妹都市。</td></tr>
<tr><td>ウズベキスタン共和国</td><td>首都タシケント</td><td>人口 257 万人</td></tr>
<tr><td colspan="3">「石の町」の意味。シルクロードの交易都市でロシアの中央アジア統治の中心。</td></tr>
<tr><td>ウルグアイ東方共和国</td><td>首都モンテビデオ</td><td>人口 140 万人</td></tr>
<tr><td colspan="3">「私は山を見た」という意味。ラ・プラタ川河口の港町でリゾート地でもある。</td></tr>
<tr><td>エクアドル共和国</td><td>首都キト</td><td>人口 201 万人</td></tr>
<tr><td colspan="3">インカ帝国でも重要都市で、教会が多い中心部は世界遺産。標高 2850m。</td></tr>
<tr><td>エジプト・アラブ共和国</td><td>首都カイロ</td><td>人口 929 万人</td></tr>
<tr><td colspan="3">現地語ではアルカーヒラ。エジプトの国名もミスル。イスラム支配の下で首都となった。</td></tr>
<tr><td>エストニア共和国</td><td>首都タリン</td><td>人口 44 万人</td></tr>
<tr><td colspan="3">正式国名はエースティ・ヴァバ（ヴァ）リーク。デンマーク風の港町。</td></tr>
<tr><td>エスワティニ王国</td><td>首都ムババーネ</td><td>人口 9.5 万人</td></tr>
<tr><td colspan="3">現地語アンババーネ。モンバサからの中継点に英国人が建設。旧国名スワジランド。</td></tr>
<tr><td>エチオピア連邦民主共和国</td><td>首都アディスアベバ</td><td>人口 422 万人</td></tr>
<tr><td colspan="3">標高 2355m。1886 年に遷都。AU（アフリカ連合）の本部がある。</td></tr>
<tr><td>エリトリア国</td><td>首都アスマラ</td><td>人口 60 万人</td></tr>
<tr><td colspan="3">標高 2325m。ムッソリーニ時代にアールデコ様式で建設された近代イタリア風。</td></tr>
<tr><td>エルサルバドル共和国</td><td>首都サンサルバ（ヴァ）ドル</td><td>人口 32 万人</td></tr>
<tr><td colspan="3">先住民のクスカトランの故地。活火山の麓の盆地にあり災害も多い。</td></tr>
<tr><td>オーストラリア連邦</td><td>首都キャンベラ</td><td>人口 43 万人</td></tr>
<tr><td colspan="3">シドニーとメルボルンの中間に建設。国名はコモンウェルス・オブ・オストレーリア。</td></tr>
<tr><td>オーストリア共和国</td><td>首都ウィーン</td><td>人口 190 万人</td></tr>
<tr><td colspan="3">現地語の方言ではベ（ヴェ）アン。英語ではビ（ヴィ）エナ。現地語国名エスターライヒ。</td></tr>
<tr><td>オマーン国</td><td>首都マスカット</td><td>人口 142 万人</td></tr>
<tr><td colspan="3">岩山に囲まれた天然の良港で古くから栄えた。アラブ風の白い中層建築が並ぶ。</td></tr>
<tr><td>オランダ王国</td><td>首都アムステルダム</td><td>人口 87 万人</td></tr>
<tr><td colspan="3">実質首都はハーグ。国名コーニンクライク・デル・ネーデルランデン。</td></tr>
<tr><td>ガーナ共和国</td><td>首都アクラ</td><td>人口 207 万人</td></tr>
<tr><td colspan="3">奴隷やカカオ豆の貿易港として発展。野口英世記念館がある。</td></tr>
<tr><td>カーボベ（ヴェ）ルデ共和国</td><td>首都プライア</td><td>人口 16 万人</td></tr>
<tr><td colspan="3">西アフリカ沿岸の島にあって奴隷貿易などの中継港だった。都心は高台にある。</td></tr>
<tr><td>ガイアナ共和国</td><td>首都ジョージタウン</td><td>人口 12 万人</td></tr>
<tr><td colspan="3">オランダ統治時代に開かれた河口の港町。オランダとイギリスの様式が混在。</td></tr>
<tr><td>カザフスタン共和国</td><td>首都ヌルスルタン</td><td>人口 105 万人</td></tr>
<tr><td colspan="3">コサックの軍事拠点として開発。1997 年に首都に。旧称はアクモラ、ついでアスタナ。</td></tr>
<tr><td>カタール国</td><td>首都ドーハ</td><td>人口 95 万人</td></tr>
<tr><td colspan="3">日本ではサッカーの「ドーハの悲劇」で知られる。万博が開催。</td></tr>
</table>

アイスランド共和国	首都レイキャビ（ヴィ）ーク	人口 13 万人
世界最北の首都。オーロラが見える。現地語国名イースランド。		
アイルランド	首都ダブリン	人口 55 万人
現地語国名ブラークリーで正式名はエール。988 年にゲール人が創る。パブ文化がさかん。		
アゼルバイジャン共和国	首都バクー	人口 229 万人
カスピ海の港町で石油産業が世界で最初に栄えた。風が強い町という意味。		
アフガニスタン・イスラム共和国	首都カブール	人口 86 万人
インドへの道でカイバル峠の 245km のところにある要衝。		
アメリカ合衆国	首都ワシントン D.C.	人口 71 万人
独立当時の南部と北部の中間。以前は住民は参政権を持たず、いまも制限。		
アラブ首長国連邦	首都アブダビ	人口 145 万人
カモシカの父の意味。昔は天然真珠の産地として栄えた。ルーブ（ヴ）ル美術館の分館あり。		
アルジェリア民主人民共和国	首都アルジェ	人口 271 万人
現地語国名はアルジャザーイル。フランス風の市街地だが、カスバも。		
アルゼンチン共和国	首都ブエノスアイレス	人口 307 万人
現地語国名はレプブリカ・アルヘンティーナ。アルゼンチンは日本独自。		
アルバニア共和国	首都ティラナ	人口 42 万人
現地語読みはティラン。国名もレプブリカ・エ・シュチパリセ。オスマン帝国が建設。		
アルメニア共和国	首都エレバ（ヴァ）ン	人口 108 万人
現地語国名はハヤスタニ・ハヌラペトチュン。エチミアジン大聖堂は世界遺産。		
アンゴラ共和国	首都ルアンダ	人口 257 万人
奴隷貿易の拠点としてポルトガル人が建設。旧名サン・パウロ・ディ・ルアンダ。		
アンティグア・バーブーダ	首都セントジョンズ	人口 2.2 万人
イギリスのカリブ海の拠点でアメリカ軍基地もある港町。		
アンドラ公国	首都アンドラ・ラ・ベリャ	人口 2.2 万人
フランス大統領とスペインの司教が共同君主。ピレネー山脈のなかにある。		
イエメン共和国	首都サナア	人口 255 万人
旧約聖書由来で世界最古の都市とも。古い高層建築が林立する「砂漠の摩天楼」。		
イスラエル国	首都エルサレム	人口 94 万人
現地語イェルシャライム。アラブ語アル・クドゥス。ラテン語ヒエロソリュマ。		
イタリア共和国	首都ローマ	人口 286 万人
ローマ帝国の滅亡後は、ローマ周辺からラベンナ周辺までは教皇領だった。		
イラク共和国	首都バグダード	人口 714 万人
アッバース朝サラセン帝国の首都。シーア派とスンニー派の競合地域。チグリス河畔。		
イラン・イスラム共和国	首都テヘラン	人口 903 万人
気候も快適な高原都市。伝統的なイランの中心は南西方向のイラク寄りの地域。		
インド	首都ニューデリー	人口 1679 万人
現地国名はバーラト（ヒンディー語）。古都デリーに隣接して建設されたニュータウン。		
インドネシア共和国	首都ジャカルタ	人口 1050 万人
港町でオランダ統治時代はバタビアという。日本ではジャガタラといったことも。		

コートジボワール共和国	首都ヤムスクロ	人口 35 万人
1983 年にアビジャンから移転。アビジャンに大使館などが残る。		
コスタリカ共和国	首都サンホセ	人口 34 万人
標高 1170m の高原都市。1824 年にカルタゴから遷都。		
コソボ共和国	首都プリシュティナ	人口 60 万人
セルビアの都だったこともありオスマン帝国との古戦場。住民の多くはアルバニア系。		
コモロ連合	首都モロニ	人口 5.4 万人
スルタンの居城だったが、1962 年にフランスの政庁が置かれた。仏語国名コモール。		
コロンビア共和国	首都ボゴタ	人口 821 万人
ボゴタは先住民の民族名ないし首長の名。サンタフェ・デ・ボゴタが旧称。		
コンゴ共和国	首都ブラザビ（ヴィ）ル	人口 170 万人
コンゴ川をはさんでキンシャサと対峙。旧フランス領。これより下流が難所。		
コンゴ民主共和国	首都キンシャサ	人口 1434 万人
旧名はレオポルドビ（ヴィ）ル。アリとフォアマンのヘビー級タイトルマッチ開催。旧ベルギー領。		
サウジアラビア王国	首都リヤド	人口 768 万人
水豊富で庭の意味。国名アル＝マムラカ・アル＝アラビーヤ・アッ・スウーディーヤ。		
サモア独立国	首都アピア	人口 3.8 万人
捕鯨の基地として栄えた町で、『宝島』の作家スティーブンソンの墓がある。		
サントメ・プリンシペ民主共和国	首都サントメ	人口 7.2 万人
16 世紀には世界有数のサトウキビの生産地。サントメは聖トマスのこと。		
ザンビア共和国	首都ルサカ	人口 263 万人
ザンベジ川に面したリビングストンから 1953 年に中央部に遷都。		
サンマリノ共和国	首都サンマリノ	人口 4100 人
正式国名はセレニッシマ・レプブリカ・ディ・サンマリノ。城塞都市国家。		
シエラレオネ共和国	首都フリータウン	人口 107 万人
港町で英国人が解放奴隷を住まわせた。英式国名はシエラリオーン。		
ジブチ共和国	首都ビ（ヴィ）ル・ドゥ・ジブチ	人口 60 万人
1896 年にフランスが建設した港湾都市。各国が海賊対策で基地を設ける。		
ジャマイカ	首都キングストン	人口 124 万人
ブルーマウンテン山脈の麓にある港町。1692 年にポートロイヤルから移転。		
ジョージア	首都トビリシ	人口 117 万人
現地語ティビリシ。旧名はチフリス。現地国名はサカルトベロ、ロシア語ではグルジア。		
シリア・アラブ共和国	首都ダマスカス	人口 208 万人
現地語ディマシュクまたはアル・シャーム。フランス語はダマース。		
シンガポール共和国	首都シンガポール	人口 569 万人
英国人ラッフルズが 1819 年に建設。マレー語はスインガプラ。日本占領下では昭南。		
ジンバブエ共和国	首都ハラレ	人口 149 万人
英国首相の名をとってソールズベリーと呼ばれていたがショナ族族長の名に改名。		
スイス連邦	首都ベルン	人口 13 万人
初め首都がなかったが 1848 年に固定。スイスはフランス語で独語ではシュバイツ。		

カナダ	首都オタワ	人口 93 万人
英語でアタァワァ。フランス語でウタワ。英語圏とフランス語圏の中間に建設。		
ガボン共和国	首都リーブルビ（ヴィ）ル	人口 70 万人
シュバイツァー博士がいた国。フランス人が建設した港町。		
カメルーン共和国	首都ヤウンデ	人口 277 万人
現地語国名レピュブリク・デュ・カムルン。港町ドアラに対してこちらは高原都市。		
ガンビア共和国	首都バンジュール	人口 41 万人
イギリスが建設したガンビア川河口の港町。英領時代はバサースト。		
カンボジア王国	首都プノンペン	人口 228 万人
洪水の少ない地点に建設。フランス風の町並みだが伝統建築も多い。		
北マケドニア共和国	首都スコピエ	人口 51 万人
バ（ヴァ）ルダル川沿岸の高台に拡がる。ローマ時代はスクウピ。オスマン時代はユスキュプ。		
ギニア共和国	首都コナクリ	人口 160 万人
フランスが建設した港町。現地国名レピュブリク・ドゥ・ギネー。		
ギニアビサウ共和国	首都ビサウ	人口 43 万人
ジェバ川河口にポルトガル人が建設した港町。現地国名レプブリカ・ダ・ギネビサウ。		
キプロス共和国	首都ニコシア	人口 31 万人
現地読みではレフコシア。ベ（ヴェ）ネチア統治時代に内陸に建設。城壁が残る。		
キューバ共和国	首都ハバナ	人口 213 万人
現地語でラアバーナ。河口にありフロリダ半島に近い港町。ヘミングウェーが愛した町。		
ギリシャ共和国	首都アテネ	人口 66 万人
現地語ではアスィーナ。ギリシャはポルトガル語で現地ではエレン。		
キリバス共和国	首都タラワ	人口 6.3 万人
バイリキ島のタラワが首都だが、議会はアンボ島にあるなど首都機能は分散している。		
キルギス共和国	首都ビシュケク	人口 105 万人
馬乳酒の攪拌器の意味。旧名フルンゼ。天山山脈系から流れる河川の出口。近代都市。		
グアテマラ共和国	首都グアテマラシティ	人口 92 万人
現地名ラ・ヌエバ・グアテマラ・デ・ラ・アスンシオン。マヤのカミナルフューの近郊。		
クウェート国	首都クウェート	人口 58 万人
現地名マディナアルクウェイト。半島に囲まれた港。湾岸戦争で被災したが復興。		
クック諸島	首都アバ（ヴァ）ルア	人口 2.02 万人
最大の島ラロトンガ島の北の海岸地帯にある。		
グレートブリテン及び北アイルランド連合王国	首都ロンドン	人口 896 万人
日本では英国というがユナイテッド・キングダム（UK）と略す。漢字では倫敦。		
グレナダ	首都セントジョージズ	人口 3.8 万人
フランス人が火山の火口だったところのまわりに町を作り港町とした。		
クロアチア共和国	首都ザグレブ	人口 79 万人
ベオグラードでドナウ川に合流するサバ（ヴァ）川の河港、現地語国名レプブリカ・フルバツカ。		
ケニア共和国	首都ナイロビ	人口 440 万人
モンバサが英国支配の拠点だったが、1905 年には英国の政庁も移された。		

タンザニア連合共和国	首都ドドマ	人口 41 万人
公式の首都はドドマ。実質的な行政機能は港湾都市ダルエスサラームにかなり残る。		
チェコ共和国	首都プラハ	人口 131 万人
ドイツ語ではモーツァルトの交響曲で知られるプラーク。国名は現地語ではチェスコ。		
チャド共和国	首都ンジャメナ	人口 110 万人
旧名フォール・ラミ。1973 年に改称。チャド湖に流れ込むシャリ川の河港都市。		
中央アフリカ共和国	首都バンギ	人口 74 万人
コンゴ川支流大型船航行可能の終点。仏語国名レピュブリク・サントラフリケーヌ。		
中華人民共和国	首都北京（ペキン）	人口 2154 万人
現地読みペイチン。元の大都。現地国名ヂョンファ・レンミン・ゴンフアグオ。		
チュニジア共和国	首都チュニス	人口 64 万人
カルタゴ時代から栄えた町で守護神「タニトフ」が語源。		
朝鮮民主主義人民共和国	首都平壌（ピョンヤン）	人口 287 万人
前漢の楽浪郡が所在し、5 世紀には高句麗の首都。中世における高麗の重要都市。		
チリ共和国	首都サンティアゴ	人口 522 万人
1541 年スペイン人が建設。海岸にもアンデス山脈にも 1 時間。現地国名チレ。		
ツバル	首都フナフティ	人口 6300 人
第二次世界大戦中に建設された飛行場の近くに首都を置いている。		
デンマーク王国	首都コペンハーゲン	人口 63 万人
現地語クブンハウン。現地語国名コンェヒーエズ・ダンマハク。「人魚の像」がシンボル。		
ドイツ連邦共和国	首都ベルリン	人口 375 万人
現地語ベァリーン。語源は熊と認識されているが湿地とも。現地国名ドイチュラント。		
トーゴ共和国	首都ロメ	人口 84 万人
ドイツ人が建設した港町。ベ（ヴェ）ルサイユ条約で仏領に。		
ドミニカ国	首都ロゾー	人口 1.4 万人
町並みはフランス風。正式国名はコモンウェルス・オブ・ドミニカ。		
ドミニカ共和国	首都サント・ドミンゴ	人口 97 万人
戦後には独裁者トルヒーヨを記念してシウダ・トルヒーヨと呼ばれたが、もとに戻された。		
トリニダード・トバゴ共和国	首都ポート・オブ・スペイン	人口 3.7 万人
大陸の半島に面した湾がある港町。カーニバルとレゲエで知られる。		
トルクメニスタン	首都アシガバット	人口 86 万人
ロシアの軍事拠点として建設。資源大国で白亜の豪華建築が並ぶ。		
トルコ共和国	首都アンカラ	人口 564 万人
ケマル・アタテュルクの革命で 1923 年首都に。すり鉢状の盆地。		
トンガ王国	首都ヌクアロファ	人口 1.8 万人
1875 年に立憲君主国として宣言したときに首都と定められた。		
ナイジェリア連邦共和国	首都アブジャ	人口 197 万人
ラゴスが首都だったが 1991 年に移転。基本計画を丹下健三が立てた。		
ナウル共和国	首都ヤレン	人口 747 人
首都がどこか決まっていないが、首都機能はここにある。		

スウェーデン王国	首都ストックホルム	人口 96 万人
ストックは杭、ホルムは島とも言われる。正式国名コゥーネゥンガリケト・スベリエ。		
スーダン共和国	首都ハルツーム	人口 64 万人
ビ（ヴィ）クトリア湖から流れる白ナイルとエチオピアからの青ナイルが合流する地点の南側。		
スペイン王国	首都マドリッド	人口 327 万人
「熊」と「イチゴノキ」が語源で市章にも。現地語国名エスパーニャ。		
スリナム共和国	首都パラマリボ	人口 24 万人
スリナム川の河港都市。オランダ人の建設した木造のコロニアル建築が多い。		
スリランカ民主社会主義共和国	首都スリ・ジャヤワルダナプラ・コッテ	人口 13 万人
旧都で港町のコロンボの郊外。1985 年に遷都した。		
スロバキア共和国	首都ブラチスラバ（ヴァ）	人口 44 万人
かつてのハンガリー王国の首都。現地語国名はスロベンスコ。ウィーンから 65km。		
スロベニア共和国	首都リュブリャナ	人口 29 万人
首都リュブリャナはドイツ語でライバッハ。オーストリア風の町だ。		
セーシェル共和国	首都ビ（ヴィ）クトリア	人口 2.6 万人
ナポレオン戦争以前はフランス領なので英仏両方の雰囲気がある。		
赤道ギニア共和国	首都マラボ	人口 30 万人
スペイン時代はサンタ・イサベル。国名レプブリカ・デ・ギネア・エクアトリアル。		
セネガル共和国	首都ダカール	人口 115 万人
近代都市で西アフリカ諸国中央銀行（BCEAO）の本店もある。		
セルビア共和国	首都ベオグラード	人口 160 万人
白い町の意味。古代から栄えるが重要地点過ぎて争奪が激しく古い物は残っていない。		
セントクリストファー・ネービス	首都バセテール	人口 1.4 万人
フランス語で低い土地の意味。英仏分割統治時代にフランス人が建設。		
セントビンセント及びグレンディーン諸島	首都キングスタウン	人口 1.6 万人
18 世紀にフランス人が建設した港町。		
セントルシア	首都カストリーズ	人口 2 万人
フランス人が 17 世紀に開発した港町でフランス軍人の名前。		
ソマリア連邦共和国	首都モガディシュ	人口 243 万人
古くから有名な港町で明の鄭和の艦隊も訪問している。		
ソロモン諸島	首都ホニアラ	人口 8.5 万人
太平洋戦争の激戦地ガダルカナル島にあり「東風の場所」という意味。		
タイ王国	首都バンコク	人口 1054 万人
現地語ではクルンテープ。1782 年に首都となる。		
大韓民国	首都ソウル	人口 973 万人
古代百済の前半と李氏朝鮮の首都。日本時代は京城。かつては漢城、現在は首爾。		
台湾（中華民国）	首都台北（タイペイ）	人口 265 万人
1871 年の台湾出兵後に台湾の中心都市に。中華民国か台湾かで論争盛ん。		
タジキスタン共和国	首都ドゥシャンベ	人口 86 万人
ロシア革命後に建設された。アフガニスタンに向かう交通拠点。		

パレスティナ	首都東エルサレム	人口 26 万人
行政機能はラマッラにある。キリスト教徒が多い町。現地国名フィラスティーン。		
ハンガリー	首都ブダペスト	人口 175 万人
ブダとペストからなる。現地語マジャロサーク（マジャール・ケスタールシャシャーグ）。		
バングラデシュ人民共和国	首都ダッカ	人口 891 万人
現地語ダーカー。デルタ地帯にあってジュート（麻）の集散地だった。繊維工業が盛ん。		
東ティモール民主共和国	首都ディリ	人口 22 万人
2002 年、独立。レプブリカ・デモクラティカ・ティモール・ロロサエ（テトゥン語）。		
フィジー共和国	首都スバ	人口 9.4 万人
オバラウ島のレブカから 1882 年に統治の中心が移った。		
フィリピン共和国	首都マニラ	人口 1288 万人
スペイン人が 16 世紀に建設。現地語国名レプブリカ・ナン・ピリピーナス。		
フィンランド共和国	首都ヘルシンキ	人口 64 万人
スウェーデン人がドイツ人などに対抗して開いた要塞を備えた港町。現地国名スオミ。		
ブータン王国	首都ティンプー	人口 11 万人
1961 年につくられた新首都。標高は 2320m の高原都市。現地国名ドゥック・ユル。		
ブラジル連邦共和国	首都ブラジリア	人口 304 万人
1960 年に遷都。ヘプブリカ・フェデラティバ・ドゥ・ブラジーウ（ポルトガル語）。		
フランス共和国	首都パリ	人口 218 万人
先住民パリシィ人から。ローマ時代はルテチア。クロービス王が首都に。		
ブルガリア共和国	首都ソフィア	人口 124 万人
ギリシャ語の叡智（上智）。旧名はスレデツ。オスマン帝国ルメリア州の首都。		
ブルキナファソ	首都ワガドゥグー	人口 245 万人
「ようこそ我が家へ」の意味で 11 世紀からモシ帝国の首都。旧国名オートボルタ。		
ブルネイ・ダルサラーム国	首都バンダルスリブガワン	人口 10 万人
もとは水上集落だった。天然ガスの収入で豪華な建築が多い。		
ブルンジ共和国	首都ギテガ	人口 14 万人
タンガニーカ湖に面したブジュンブラ（旧名ウスンブラ）から 2019 年に遷都決定。		
ベトナム社会主義共和国	首都ハノイ	人口 805 万人
前漢の武帝が郡を置く。阿倍仲麻呂が安南節度使として赴任。11 世紀に大越国首都。		
ベナン共和国	首都ポルトノボ	人口 26 万人
憲法上の首都だが事実上の首都はコトヌー。旧国名ダホメ。		
ベネズエラ・ボリバル共和国	首都カラカス	人口 290 万人
通称サンティアゴ・デ・レオン・デ・カラカス。中心部ムニシピオ・リベルタドール。		
ベラルーシ共和国	首都ミンスク	人口 202 万人
鉄道の分岐点となり発展。「ミン」は交易、スクは「津」。白ロシアとも。		
ベリーズ	首都ベルモパン	人口 1.7 万人
ベリーズシティがハリケーンで被災し 1970 年に遷都した。		
ペルー共和国	首都リマ	人口 967 万人
河川の名前。旧称シウダ・デ・ロス・レイエス（王者たちの町）。グルメの町。		

ナミビア共和国	首都ヴィントフック	人口 32 万人
ドイツによって開発され標高 1655m の高原にあり、ドイツ風の文化が残る。		
ニウエ	首都アロフィ	人口 597 人
パラオの首都であるマルキョクに次いで人口が 2 番目に少ない国の首都。		
ニカラグア共和国	首都マナグア	人口 105 万人
レオンとグラナダの中間点。1931 年、1972 年に地震で深刻な被害を出した。		
ニジェール共和国	首都ニアメ	人口 102 万人
ニジェール川の河港都市。1926 年に植民地政庁が隊商交易都市ザンデルから移転。		
西サハラ	首都ラユーン	人口 22 万人
アル=ジュムフリーヤ・アル=アラビヤ・アズ=サアフラビアード・ディムラティア（アラビア語）		
日本国	首都東京	人口 1396 万人
江戸時代の将軍は 1605 年に伏見から移転。1868 年からは皇居が京から移った。		
ニュージーランド	首都ウェリントン	人口 22 万人
北島北部のオークランドだったが、南島分離のおそれがあり遷都。		
ネパール連邦民主共和国	首都カトマンズ	人口 144 万人
ネワル族の古都を 18 世紀にグルカ族が征服。世界遺産だが 2015 年の地震で大被害。		
ノルウェー王国	首都オスロ	人口 70 万人
現地語オシュロ。1049 年に開かれる。正式国名コングリーグ・ノルゲ。		
バーレーン王国	首都マナーマ	人口 56 万人
シュメール文明時代から栄える。真珠採取の拠点。中東の金融センター。		
ハイチ共和国	首都ポルトープランス	人口 99 万人
現地訛りでポトプレンス（王子の港）。現地国名はアイティ（レピュブリク・ダイティ）。		
パキスタン・イスラム共和国	首都イスラマバード	人口 101 万人
独立当初はカラチだったが、ラワルピンディー臨時首都を経て、1969 年に首都となる。		
バチカン市国	首都バ（ヴァ）チカン市	人口 820 人
ラテン語でスタトゥス・キビタティス・バティカナ。		
パナマ共和国	首都パナマシティ	人口 88 万人
現地語でシウダ・デ・パナマ（英語でパナマシティ）。太平洋に面して重要な港。		
バヌアツ共和国	首都ポート・ビ（ヴィ）ラ	人口 5.1 万人
現地ではフランス語のポール・ビ（ヴィ）ラが一般的。英仏共同統治。		
バハマ国	首都ナッソー	人口 27 万人
英国王ウィリアム 3 世の出身がオラニエ・ナッソー家であることにちなむ。		
パプアニューギニア独立国	首都ポートモレスビー	人口 36 万人
イギリス人船長の名にちなみ、マッカーサーが司令部を置いた。ワイガニ地区が中心。		
パラオ共和国	首都マルキョク（ンゲルルムッド）	人口 227 人
2006 年にコロールから遷都した。		
パラグアイ共和国	首都アスンシオン	人口 53 万人
ボリビアとラプラタ川流域の中継地点にあって、パラグアイ川の河港都市。		
バルバドス	首都ブリッジタウン	人口 11 万人
トラファルガー広場があるなど英国植民地の港町。現地国名バーベイドス（英語）。		

モザンビーク共和国	首都マプト	人口 108 万人
ポルトガル時代はロウレンソ・マルケスとしていたのを改名。インド洋の港町。		
モナコ公国	首都モナコ	人口 4 万人
宮殿があるモナコ市とカジノがあるモンテカルロに分かれている。		
モルディブ共和国	首都マーレ	人口 13 万人
1968 年に共和制へ移行。現地国名ディベビ。		
モルドバ共和国	首都キシニョフ	人口 64 万人
「新しい泉」を意味するという。かつてはベッサラビア地方といわれた。		
モロッコ王国	首都ラバト	人口 57 万人
現地名アルリバー。1912 年にフランスのリヨテ統監がフランス保護領の首都に。		
モンゴル国	首都ウランバートル	人口 154 万人
現地読みオラーンバータル。1788 年に常住都市に。現地国名モンゴル・オルス。		
モンテネグロ	首都ポドゴリツァ	人口 15 万人
旧名チトーグラード。憲法上の首都はテツィニエ。現地国名ツルナ・ゴーラ。		
ヨルダン	首都アンマン	人口 453 万人
ローマ時代はフィラデルフィア。渓谷に沿った丘陵に発展。現地国名ウルドューニャ。		
ラオス人民民主共和国	首都ビエンチャン	人口 95 万人
メコン川の河港都市。フランス風の面影も。かつては王都はルアンプラバンだった。		
ラトビア共和国	首都リーガ	人口 63 万人
ゲルマン人が開いた港町。バルト三国最大都市。現地国名ラトビアス・レプブリカ。		
リトアニア共和国	首都ビ（ヴィ）リニュス	人口 54 万人
現地語ビルヌス。河港都市。現地国名リェトゥヴォス・レスプブリカ。		
リビア	首都トリポリ	人口 113 万人
アラブ語ではタラーブルス。アフリカ内陸部へのキャラバン・ルートの起点。		
リヒテンシュタイン公国	首都ファドゥーツ	人口 5600 人
現地語バ（ヴァ）ドゥーツ。神聖ローマ帝国の諸侯だが飛び地になるのでドイツ併合を免れた。		
リベリア共和国	首都モンロビ（ヴィ）ア	人口 101 万人
現地語でモンロービ（ヴィ）ア。米国第 5 代大統領のモンローにちなむ。英語国名はライベリア。		
ルーマニア	首都ブカレスト	人口 215 万人
現地語でブクレシュティ。オスマン帝国保護下の 1698 年にワラキア公国の首都となった。		
ルクセンブルク大公国	首都ルクセンブルク	人口 11 万人
仏語リュクサンブール。ルクセンブルク語でレツェブエシ。		
ルワンダ共和国	首都キガリ	人口 113 万人
海抜 1500m の高原にあり、ドイツ人が開きベルギー支配下で中心都市。		
レソト王国	首都マセル	人口 33 万人
標高 1600m の高原都市。		
レバノン共和国	首都ベイルート	人口 36 万人
フェニキア語で井戸。現地国名アル＝ジュムフーリーヤ・ッ＝ルブナーニーヤ。		
ロシア連邦	首都モスクワ	人口 1268 万人
キエフ大公国のユーリー・ドルゴルーキーが 1156 年に砦を築く。		

ベルギー王国	首都ブリュッセル	人口 121 万人
ブラバント公領の首都。小便小僧がシンボル。国名はフランス語でベルジーク。		
ポーランド共和国	首都ワルシャワ	人口 178 万人
1611 年にクラカウから。英語はウォーサー。現地国名はシェチュポスポリタ・ポルスカ。		
ボスニア・ヘルツェゴビナ	首都サラエボ（ヴォ）	人口 31 万人
トルコ語で宮殿の平和。渓谷に位置する。現地国名ボスナ・イ・ヘルツェゴビナ。		
ボツワナ共和国	首都ハボローネ	人口 23 万人
ロバツェが中心だったが独立に際して建設した。英語ではカボローネ。		
ボリビア多民族国	首都スクレ	人口 23 万人
名目上の首都はスクレ。正式国名レプブリカ・プルリナシオナル・デ・ボリビア。		
ポルトガル共和国	首都リスボン	人口 51 万人
フェニキア語で良い港。オデッセウスが開いた港との伝説も。		
ホンジュラス共和国	首都テグシガルパ	人口 113 万人
「銀の山」という意味。1880 年にコマヤグアから移転。現地国名はオンドゥラス。		
マーシャル諸島共和国	首都マジュロ	人口 2.8 万人
日本統治時代はヤルート島が中心だったが、戦争で破壊され、現在の首都はマジュロ島。		
マダガスカル共和国	首都アンタナナリボ	人口 128 万人
メリナ王国が 1794 年にアンブヒマンガから遷都した。フランス時代の名はタナナリブ。		
マラウイ共和国	首都リロングウェ	人口 99 万人
ゾンバが首都だったが、1975 年にリロングウェに移った。海抜 1050m。		
マリ共和国	首都バマコ	人口 271 万人
ニジェール川上流部で「ワニの住むところ」の意味ともいう。		
マルタ共和国	首都バ（ヴァ）レッタ	人口 1 万人
地中海に面した中世以来の要塞都市でクルーズ船の寄港地として人気爆発。		
マレーシア	首都クアラルンプール	人口 179 万人
錫鉱山地域の中心都市。英領マラヤ連邦の首都。行政機能はプトラジャヤに移転。		
ミクロネシア連邦	首都パリキール	人口 6600 人
ポンペイ（ポナペ）島。1989 年にコロニアから遷都宣言したが大使館も移転していない。		
南アフリカ共和国	首都プレトリア（行政首都）	人口 247 万人
行政府が所在。国会はケープタウン。最高裁判所はブルームフォンテーン。		
南スーダン共和国	首都ジュバ	人口 53 万人
2011 年に独立した国。1922 年にギリシャ人が建設。ナイル川航行可能の南限。		
ミャンマー連邦共和国	首都ネーピードー	人口 92 万人
2006 年に遷都。ピタウンズ・タマダー・ミャンマー・ナインガンドー（ビルマ語）。		
メキシコ合衆国	首都メキシコシティ	人口 921 万人
現地語はシウダー・デ・メヒコ。正式国名はエスタードス・ウニードス・メヒカーノス。		
モーリシャス共和国	首都ポートルイス	人口 15 万人
フランス王ルイ 15 世もしくは、ブルターニュの同名の港町に因んで命名。		
モーリタニア・イスラム共和国	首都ヌアクショット	人口 96 万人
独立時に幹線道路沿いに近代的な計画都市として建設。「風が吹き抜ける町」。		

あとがきにかえて

東京一極集中の解消と首都機能移転についての考察

「国会等の移転に関する法律」（1992年）が、超党派の議員立法として成立し、いまでもそのままなのだが、東京サイドの巻き返しで頓挫していることは、第50項で紹介した通りである、

東京一極集中への流れは、バブル崩壊によっていっときスローダウンしたり、その後も最近のコロナ禍によるリモートワークで勢いが鈍化したりという波は常にあるが、継続したままだ。

最近も、衆議院の議員定数の10増10減が決まった。東京が5増、他の神奈川・埼玉・千葉・愛知の各県で5増、西日本で7減、東北・新潟で3減であるが、歴代首相の多くが西日本出身なのに危機感を持たなかったのは、世襲政治家で東京生まれが多

いためだろうか。

そこで、1980〜90年代の首都機能移転論を牽引した一人として、これから地方分散や首都機能移転をどうするべきかの提案をしておきたい。

東京一極集中を解消するためには、道州制を含めた地方分権や、首都機能の部分移転のほうが現実的という人もいる。しかしそれでは、首都にいる人や企業だけが有利になる構造的問題を解消できず、やはり本命は国会・政府の移転なのである。

具体的にどうすればいいか、提案すれば以下のようなことかと思う。

①国会・政府の中枢部分は、日本の人口重心にも近い、リニア中央新幹線沿線の畿央高原（三重県伊賀地区を中心とする地域）に置く。ただし、旧西ドイツの首都ボンに対するケルンやフランクフルトのように、京阪神や名古屋都市圏の機能を活用して中規模の都市にとどめ、都心部は賃貸住宅のみとするなど永住者を抑制する。

②東濃地区など他の駅の周辺などには、クラスターを置き、中央省庁分散の受け皿とする。やはり首都機能移転候補地だった那須地区は、最高裁判所や独立委員会など準司法機関を集中させることで、第二行政首都として位置づける。

③中央省庁の組織を抜本的に見直し、人数で半数程度は道州に移行させる。また、現在の都道府県と市町村は300～400の基礎自治体に再編して財政基盤を保証し、生活基盤の整備はこれにまかせる。

④皇室は新行政首都にも小規模な御所を設けるが、セキュリティ確保の観点からも、東京や京都、那須御用邸などの既存施設も活かしてイギリスのような分散居住をめざす。ただし、現皇居を公式の宮殿として引き続き位置づけ、一方、京都御所を即位礼を含む伝統的儀典の場として再構築する。

⑤首都機能の移転と地方制度の刷新は、20年程度の期間をかけて段階的に行うことで混乱を回避する。

一方、首都機能中枢は東京に留めるが、個別機能を分散する提案もあり、竹下内閣では一省庁一機関の移転が決まった。だが、どの機関を移転対象とするか、どこへ移転するかを各省庁にまかせ、東京23区外ならどこでもいいということにしたので、神奈川県の川崎市、さいたま市、千葉市の幕張などへの移転でお茶を濁すことで終わった。同時期にフランスで重要な機関の全国各地への大規模な地方移転が実現したのと好対照だった。

安倍内閣になって再びこの問題が取り上げられ、とりあえず京都への文化庁の移転が決まり、今後に少し希望が持てるようになったが、キャリア国家公務員のうち半分くらいを東京から出すくらいの目標があってしかるべきであろう。

道州制については、公務員の地方分散策という意味はあるが、むしろ、財政力のある東京が属する道州への人口集中が進み、制度の面でも東京の制度を全国が押しつけられるようになる危険性がある。そもそも、首都が最大都市である国では、分権が分散につながるのは希である。道州制は首都機能移転と一緒でこそ効果を発揮する。

大阪都構想は、京都も含めた他地域との連携を図らないと賛同を得られまい。私は大阪には西日本センターとしての機能の受け皿がもっとも相応《ふさわ》しいと思う。つまり、東京一極集中によって災害やテロ、システム障害などで東京が機能しなくなったときに備え、西日本までダウンさせないことと、一時的に日本の中心機能を引き受けるように準備するべきなのだ。

現実に、NHKなどは、とりあえずは大阪から全国放送が出来るように整備しつつあるし、東海道新幹線の管制も同様だ。民間企業でもそういう体制をとっているところも多いが、これは拡大しておいたほうがいい。怖いのは地震だけではないのだ。

一方、首都機能中枢を東京に置いたままでの首都機能分散なら、京都こそもっとも現実的だ。かつて、鈴木俊一東京都知事も最高裁の京都移転を提唱していたが、公務員でも京都への移転なら大阪より遥かに受け入れやすいだろうし、全国の人も京都の役所を訪れたり、会議に参加することは歓迎するだろう。

現実に、大阪に転勤なら単身赴任だが京都なら家族も一緒とか、老後は京都に終の住みかを置いたら東京からでも家族がよく来てくれる、という人は多い。それに、緊急事態のときに大阪のホテルは民間が使うであろうから、臨時の国会議事堂や各省庁として使うのは、観光客を止めればいいだけの京都のほうが好都合なのである。

さらに、神戸、名古屋、福岡、広島、仙台、札幌などに対する魅力的な提案も必要だろう。

一方、一般的な機能移転や地方分散については、私は数値目標がないのが致命的だと思う。目標数字が示されない政策などありえないが、地方分散策は常にそうなのだ。目標を達成できなかったら規制などを強化すればいいのである。

また、西日本や日本海側の人口が減ることは、防衛上も危機的だ。東アジアから数十万人以上が押し寄せたら、これら海岸地帯は容易に占拠されかねない。

そういう幅広い視点から、国土政策は考えてほしいし、そのためにも、世界の首都がどうなっているのか、東京と地方の関係について、日本で当たり前と思っていることが、国際常識とは限らないといったことも、知ってもらおうというのが本書を書いた意図である。

3年前に亡くなった堺屋太一氏は、会うといつも、「いつか首都移転、また本気でやろうな」と最後まで仰っていたし、最近、豊橋市を訪れて戦後の遷都議論を牽引した村田敬次郎氏の関係者といろいろお話しする機会があったことも、本書を書こうと思った動機のひとつである。

2022年1月

八幡和郎

参考文献

本書の執筆に当たっては、各種の百科事典、歴史事典、地名辞典や外務省など各種のホームページを広く参考にした。現地語の読み方については、各国在日大使館、外務省、各種国際交流団体や、日本貿易振興機構(ジェトロ)・アジア経済研究所の協力を得た。

また、①『世界地名ルーツ辞典』(牧英夫編著・創拓社)、②『世界地名歴史事典』『世界地名語源辞典』(蟻川明男著・古今書院)、③『国名から世界の歴史がわかる本』(博学こだわり倶楽部編・KAWADE夢文庫)、④『カラー新版　地名の世界地図』(21世紀研究会編・文春新書)、⑤『ヨーロッパ各国・国名の起源』(飯島英一著・創造社。同じ著者と出版社から姉妹編として続と続々も出ている)、⑥『世界246の首都と主要都市』(地球の歩き方編集室編、学研プラス)。各国の歴史については、⑦『世界各国史』(山川出版社)のシリーズを最新の学術的成果を踏まえたものとして参考にした。

なお、拙著のうち⑧『365日でわかる世界史』(清談社Publico)、⑨『世界の国名地名うんちく大全』(平凡社新書)、⑩『日本の古都がわかる事典』(日本実業出版社)、⑪『全世界200国おもしろ辛口通信簿』(講談社+α文庫)⑫『遷都』(中公新書)、共著の⑬『新首都誕生』(「実業の日本」1996年6月臨時増刊)には、本書の内容をより詳細にした情報が含まれている。

さらに、「知恵の森文庫」で出している、⑭『古代史が面白くなる「地名」の秘密』には、古代の日本と中国・韓国の首都についてのより詳しい内容が入っている。

装丁・本文デザイン　アフターグロウ

知恵の森
KOBUNSHA

世界史《せかいし》が面白《おもしろ》くなる首都《しゅと》誕生《たんじょう》の謎《なぞ》

著　者――八幡和郎（やわた かずお）

2022年　2月20日　初版1刷発行

発行者――鈴木広和
組　版――萩原印刷
印刷所――萩原印刷
製本所――ナショナル製本
発行所――株式会社光文社
東京都文京区音羽1-16-6 〒112-8011
電　話――編集部(03)5395-8282
書籍販売部(03)5395-8116
業務部(03)5395-8125
メール――chie@kobunsha.com

ISBN978-4-334-78802-5　Printed in Japan

78587-1
tも2-1

本山《もとやま》 勝寛《かつひろ》

「東大」「ハーバード」ダブル合格 16倍速勉強法

高3春の「合格可能性なし」判定から成績を急上昇させ東大に現役合格。さらにはハーバード大学院合格！ 独自に編み出した4つの要素を「掛け算」で働かせる画期的な方法。

629円

78225-2
bも2-1

森《もり》 達也《たつや》

放送禁止歌

岡林信康『手紙』、赤い鳥『竹田の子守唄』、高田渡『自衛隊に入ろう』…。これらの歌は、なぜ放送されなくなったのか？ 闇に消えた放送禁止歌の謎に迫った名著の文庫化！

680円

78443-0
bも5-1

森下《もりした》 典子《のりこ》

ルネサンスの天才彫刻家を追って

前世への冒険

「あなたの前世はルネサンス期に活躍したデジデリオという美貌の青年彫刻家です」。イタリアで前世を巡る不思議な旅のルポルタージュ。『デジデリオ』改題。（解説・いとうせいこう）

740円

78763-9
tや12-1

矢作《やはぎ》 直樹《なおき》

人生は、約束

私たちが普段、約束だよと交わすのは見える約束で、私たちが生まれながらに持ってきたものが見えない約束です。医療の現場で生と死を見つめ、たどり着いた生きることの意味とは？

580円

78775-2
tや2-2

山折《やまおり》 哲雄《てつお》 監修

教養と宗派の歴史がスッキリわかる

日本人なら知っておきたい 親鸞と浄土真宗

「どうして『西本願寺』と『東本願寺』があるの？」「門徒は般若心経を読まない？」など、知っているようで知らない日本最大の仏教宗派への疑問をQ&Aでスッキリ解決。

700円

78782-0
tや2-3

山折 哲雄 監修

教養と宗派の歴史がスッキリわかる

日本人なら知っておきたい 道元と曹洞宗

身近な宗教への疑問をQ&Aで解決するシリーズの第2弾。世界中に影響を与えている「ZEN」はいかにして宗教として発展してきたのか、全体像を浮かび上がらせる。

700円

78785-1
tや14-1

山口《やまぐち》恵《え》以《い》子《こ》

それでも、今がいちばん幸せ
食堂のおばちゃんの「人生はいつも崖っぷち」

女の人生はアラ還からがおもしろい。55歳で松本清張賞を受賞、人気作家となった「食堂のおばちゃん」がそれまでの七転び八起きの半生を綴る。著者初エッセイ待望の文庫化。

680円

78772-1
tや13-1

山口《やまぐち》 由美《ゆみ》

アマン伝説
創業者エイドリアン・ゼッカとリゾート革命

アマンの創業者ゼッカの軌跡を追って、インドネシア、タイ、スリランカ、香港、シンガポール、日本へ。リゾートホテルの変遷を通じてアジアの戦後史を捉え直すノンフィクション。

1000円

78692-2
tや11-1

山下《やました》 柚実《ゆみ》

[増補版]なぜ関西のローカル大学「近大」が、志願者数日本一になったのか

「世界初のマグロの完全養殖」と「志願者数日本一」の裏には、周到な準備と徹底した改革があった—。ビジネスや教育のヒントが詰まった、著者渾身のノンフィクション。

660円

78644-1
tや8-1

山本《やまもと》 博文《ひろふみ》

切腹
日本人の責任の取り方

江戸の武士は、驚くほど小さな罪や手落ちが原因で、切腹に追い込まれることが多かった。誇り高く、しかしどこか辛くて切ないサムライの生き様を、日本史の一級資料から発掘。

680円

78771-4
tや5-2

八幡《やわた》 和郎《かずお》

日本史が面白くなる「地名」の秘密

明治時代の廃藩置県と現在の四十七都道府県—雑学的な発想を排し、テーマを絞って地図や図表を多用して問題を掘り下げてみた。本書を読めば、地名を通じた日本列島史が見えてくる。

740円

78780-6
tや5-3

八幡 和郎

古代史が面白くなる「地名」の秘密

古代の史書に出てくる地名が現在のどこにあって当時はどんな地形だったのか、豊富な地図で解き明かす。当時の状況を踏まえつつ、古代・日本の知られざる側面をあぶり出す。

800円